정년 후 어떻게 살 것인가

정년 후 어떻게 살 것인가

초판 1쇄 펴낸날 | 2020년 4월 27일

지은이 | 이충호
펴낸이 | 이종근
펴낸곳 | 피플앤북스
공급처 | 도서출판 하늘아래

주소 | 경기도 고양시 하늘마을로 57-9, 301, 302호
전화 | 031-976-3531
팩스 | 031-976-3530
이메일 | haneulbook@naver.com

등록번호 | 제300-2006-23호

품위 있고 보람 있는 노년을 위하여

정년 후,
어떻게 살 것인가

이충호 지음

피플앤북스

늙어가는 법을 안다는 것은 지혜의 걸작이다.
그것이야말로 위대한 삶의 예술 가운데
가장 어려운 장이기 때문이다.

– 헨리 프레데리크 아미엘(철학자, 1821~1881)

건강하고 보람 있는 노후를 위해 준비하자

인생 100세 시대는 머지않아 다가옵니다. 의학의 발달로 한국인의 평균수명도 80세를 넘어서고 있습니다. 60세를 기준으로 계산하면 앞으로 더 살 수 있는 기대여명期待餘命은 적어도 20~30년을 헤아릴 수 있게 되었습니다. 이 늘어난 수명을 어떻게 보람 있게 활용하느냐가 우리들의 당면 과제가 되고 있습니다.

오늘의 의학계에서는 조만간 생명과학자들이 노화의 비밀을 밝혀 노화를 멈추거나 늦출 수 있는 길이 열릴 것이라고 내다보고 있습니다. 그렇다고 모든 사람들이 다 저절로 100세까지 살게 된다는 뜻은 물론 아닙니다.

100년을 살 준비를 해야 한다는 것입니다.

사람의 수명은 흔히 천수天壽라고 합니다만, 스스로 오래 살 수 있는 준비와 노력을 해야 합니다. 다시 말하면 자신이 스스로 찾아 나서지 않으면 저절로 주어지는 것은 아무것도 없다는 것입니다.

먼저 '나는 100세까지 살리라.' 하는 굳은 의지로 스스로를 독려하고 노력하는 긍정적이고 적극적인 마음가짐을 가지고 100세 시대를 열어 나가야 할 것입니다.

노년이 되면 새로운 자유를 누릴 수 있습니다. 이제 생계를 위해 더 이상 일하지 않아도 되는 홀가분한 여생을 자신만을 위한 보람된 일에 쓸 수 있는 기회가 주어지는 것입니다. 모처럼 우리에게 주어진 시간을 무의미하게 흘려보내서는 안 됩니다. 제2의 새로운 인생을 시작할 수 있는 노후의 시간을 어떻게 활용해야 할지 진지하게 생각을 해 보아야 합니다.

정년을 앞두고 노후를 걱정하는 사람들을 보면서 '노년을 건강하고 보람 있게 살려면 어떻게 해야 하는가?'에 대해서 관심을 가지고 공부해 온 평범한 노인의 한 사람으로서 그간에 공부한 것을 함께 나누어야겠다는 소박한 생각에 이 책을 펴내게 되었습니다. 이 책은 앞서 출간한 《정년 후》를 증보개정한 것임을 밝혀둡니다.

부족함이 많지만, 이 책이 노후를 무료하게 보내는 노인들에게 희망과 용기를 북돋아 주고 건강하게 오래도록 보람 있게 살아가는 데 작은 보탬이 된다면 더 바랄 것이 없겠습니다.

저자 이충호

차례 | Contents

│제3부│ 행복하고 보람 있게 사는 길

. . . . .

제1부

정년 후에도
한세상이 남아 있다

인생 100세 시대가
다가오고 있다

정년, 새로운 인생의 시작

오늘날 의학의 발달로 인생 100세 시대는 머지않아 반드시 다가올 것입니다. 한국인의 평균수명도 80세를 넘은 지 오래되었습니다. 100년을 살 준비를 해야 합니다. 머지않은 장래에 생명과학자들은 노화의 비밀을 밝혀 인생 100세 시대를 열 것이라고 기대하고 있습니다.

이렇듯 사람의 수명은 점점 길어지고 이에 따라 정년 이후에 살아갈 시간은 적어도 30년 내지 40년을 헤아릴 수 있게 되었습니다.

그래서 이제 정년은 인생의 말년이 아니라, 제2의 새로운 인생의 시작입니다. 그러나 우리는 개인적으로나 국가적으로 급속하게 다가오는 고령화 사회에 대비한 준비가 소홀했기 때문에 앞으로 노후를 어떻게 살아야 할 것인지가 우리 모두가 풀어야 할 절실한 과제로 대두되고 있습니다.

따라서 이 남아 있는 긴 세월을 어떻게 보람 있게 보낼 수 있을 것인가에 대한 진지한 대책과 노력이 있어야 합니다. 물론 준비된 것이 없으니 걱정부터 앞서겠지만, 뜻만 있다면 정년 후에도 그간에 축적해 놓은 노하우를 활용하여 얼마든지 보람 있고 창조적인 삶을 펼쳐 나갈 수 있습니다.

그러기 위해서는 인생의 마지막 4분의 1에 해당하는 말년의 상당 기간을 지금처럼 병원 신세를 지거나 하릴없이 양로원에서 보내서는 안 됩니다.

의미 있고 생동감 넘치는 절정기가 되도록 건강하게 살아야겠다는 굳은 의지를 가지고 긍정적이고 적극적인 마음가짐으로 대처해서 100세 시대를 내 것으로 만들어 나가야 할 것입니다.

건강 100세를 위한 액티브 에이징

건강 100세는 우리 모두의 꿈입니다. 치매, 만성질환 등의 질병으로 고생하면서 오래 사는 것을 바라는 사람은 없을 것입니다. 그래서 등장한 개념이 활기찬 노년을 뜻하는 '액티브 에이징Active aging'입니다. 액티브 에이징은 적극적으로 자신을 가꾸고 관리하면서 긍정적인 노년기를 보내자는 의미를 담고 있습니다.

통계청에서 발표한 '2012 생명표'에 따르면 한국인의 기대 수명은 81세인 반면, 건강 기대 수명(장애 없이 독립 생활이 가능한 나이)은 66세입니다. 이 15년의 차이를 좁히기 위한 노력이 바로 액티브 에이징입니다.

서울 상계백병원의 정신건강의학과 이동수 교수는 기대 수명보다 건강 기대 수명이 짧은 탓에 인생의 마지막을 질병에 시달리는 사람이 많다며, 마지막까지 적극적으로 사회, 경제, 여가 등 활동을 통해 일찍부터 건강관리를 시작하고 정서적으로 공허감을 잘 극복하면, 인생 노년기를 활력 있게 살 수 있다고 했습니다.

그럼 선진국에서는 이 시기를 어떻게 적극적으로 활용하고 있는지 살펴봅니다.

미국의 노년학 연구의 대가인 새들러William Sadler 박사는 은퇴 이후 30년의 삶이 새롭게 발견되고 있다면서, 이 시기를 '핫 에이지Hot age'라고 불렀습니다. 은퇴 이후의 삶이 더 이상 '나약한 늙은이'가 아니라는 뜻입니다.

최근 새들러 박사가 조사해 발표한 바에 따르면, 이 시기의 사람들은 '6R'의 시간을 구사하면서 왕성한 활동을 하고 있다고 했습니다.

즉, 육체의 부활Renewal, 원기회복Revitalization, 영적 재생Regeneration, 자아 발견Rediscovery, 회춘Rejuvenation, 인생의 방향 수정Redirection을 꾀하면서 뜨거운 인생Hot age을 살고 있다는 것입니다.

그러면서 핫 에이지를 살고 있는 사람들의 공통점 여섯 가지를 열거하였습니다(표 1).

표 1. 핫 에이지를 살고 있는 사람들의 공통점

- 내가 원하는 진정한 삶이 무엇인지를 잘 파악하고 있다. 젊었을 때의 돈, 명예, 사회적 지위 등과는 달리, 이들은 주로 내면적인 만족을 추구한다.

- 과거에는 가족, 친구, 자녀, 직장 등을 위해 살아왔으나, 이제 그들은 자기 자신을 위해 살아도 이기적이라는 지탄을 받지 않는다는 것을 잘 알고 있다.

- 그들은 은퇴 후에도 일을 계속하고 있다. 생계유지를 위한 일이 아니라 과거에 하고 싶었던 일, 여가를 즐기는 일을 하고 있다.

- 정신적인 젊음을 유지하고 있다. 그러기 위해서 그들은 호기심, 웃음, 명랑성, 상상력을 발휘하며 자발적이고도 능동적인 삶을 살고 있다.

- 가족, 친척 이외에 더 많은 사람들과 교류하며 베풀면서 거기에서 행복해지는 사람들이 많다.

- 그들은 누구나 죽는다는 것과 죽음이 가까워오고 있다는 것을 잘 알고 있다. 따라서 항상 죽음에 대한 준비가 되어 있다.

100세까지 장수하는 것은 여러 요인에 좌우됩니다. 일반적으로는 삶에 대한 긍정적 태도, 스트레스에 대처하는 훌륭한 기술, 병에 걸릴 위험을 줄이는 건강 증진 활동, 매일 부딪히는 생활의 문제를 다루는 방식 등에 따라 좌우될 수 있습니다.

하지만 새들러 박사가 찾아낸 '핫 에이지를 살고 있는 사람들의 공통점'을 잘 음미해 보면서 그렇게 살아간다면 100세 인생은 가능하지 않을까요?

우리는 액티브 에이징과 핫 에이지의 개념을 받아들여 적극적인 자기관리를 함으로써 노년기를 활기차게 살아가야 할 것입니다.

건강 100세는 본인이 하기 나름이다

인간은 누구나 무병장수를 꿈꿉니다. 그저 아무렇게나 오래만 사는 것이 아니라 건강하게 오래 살고 싶은 욕망입니다. 온갖 병마에 시달리며 힘들게 생명을 연명해 나가는 그런 구차한 삶이 아니라, 생을 마감하는 순간까지 나이가 몇이든 상관없이 활력이 넘치는 그런 건강한 삶의 질을 유지하고 싶은 소망일 것입니다.

〈생로병사의 비밀〉이라는 TV 프로그램의 시청률이 높은 것도 이런 소망을 반영한 것으로 보입니다.

과학자들은 인간의 잠재적 수명을 최대한 다해 산다면 120세까지 살 수 있다고 합니다. 그럼 어떻게 잠재수명을 다 누리며 건강하게 오래 살 수 있을까요?

그 답은 의외로 간단합니다. 많은 의학 전문가들은 그 소망을 이룰 수 있는 길을 한마디로 집약하여 말한다면 '올바른 생활습관'이라고 꼽습니다. 다시 말하면 식생활을 바꾸고 규칙적으로 운동하고 마음을 편안하게 하는 생활습관을 가지면 노화와 관련한 대부분의 질병은 예방할 수 있고 노화 속도를 늦춰 더 젊고 건강하게 살 수 있다는 것입니다.

하지만 많은 사람들은 이런 단순한 진리를 외면한 채 노화를 늦추는 기발한 방법이나 효과적인 약물은 없는지 이리저리 찾아다닙니다.

그러나 유감스럽게도 아직은 이런 욕구를 충족시켜 줄 만한 의학적인 결과가 나온 것이 없습니다. 사람들은 장수하는 데에는 뭔가 대단한 비결이 있을 것이라고 생각하는 경향이 있지만, 장수학자들은 기적을 일으키는 장수의 묘약이나 묘책은 존재하지 않으며 장수하는 것은 순전히 본인 하기에 달렸다고 말하고 있습니다.

더욱이 장수학자들의 고무적인 조언은 우리 노인들에게 희망과 꿈을 갖게 해주고 있습니다. 그것은 건강하게 오래 살기 위해서 애쓰는 데 늦은 때란 없으며 누구나 지금 당장 시작해도 된다는 축복의 메시지입니다. 지금 바로 시작하기만 하면 생물학적으로 더 젊어질 수 있고 노화를 거꾸로 되돌릴 수 있으며 질병을 멀리 떠나보낼 수 있다는 것입니다.

건강하게 오래 살기를 원한다면 장수는 내가 만들어 가는 것이라는 사실을 명심하고 올바른 생활습관을 가지도록 노력해야 할 것입니다.

정년,
어떻게 맞이할 것인가

앞으로 어떻게 살아갈 것인가

정년이 다가오면 '이제 좀 쉬게 되었다.'는 안도감보다는 '앞으로 어떻게 살아야 할까?' 하는 걱정이 앞서는게 대다수 정년퇴임자의 심정일 것입니다. 이런 걱정이먼저 생기는 것은 직장인으로 오래 살아오면서 이렇다할 노후대책을 세워놓지 못하고 직장에서 물러났기 때문일 것입니다.

노후를 편안하게 보내려면 경제력이 확보되어 있어

야 하는데, 한국의 현실이 그것을 허용해 주지 않기 때문입니다. 자녀들을 공부시키면 그것으로 끝나는 것이 아니라, 결혼시키고 집까지 마련해 주어야 부모의 도리를 다하는 것으로 생각하고 자녀들에게 모든 것을 바치고 나니, 정작 자신의 노후생활을 위해서는 아무것도 남긴 것이 없어 앞날이 막막할 수밖에 없습니다.

다행히 얼마간의 노후자금을 마련해 놓았거나, 연금을 받는 사람들은 그런대로 노후대책이 마련되어 한 시름을 놓게는 되겠지만, 노년의 생활은 서럽고 외롭고 두려워서 세상 살기가 불안하기는 마찬가지입니다.

더욱이 고령화 사회와 핵가족 시대로 변하면서 어른을 공경하고 부모를 받들어 모시는 경로사상은 점점 사라지고 노인은 권위와 존경의 자리에서 소외와 망각의 자리로 전락하고 말았습니다. 사회는 노인을 어른으로 대접하지도 않으며, 가족조차 부모를 모시고 같이 살려고 하지 않습니다. 예전처럼 손자손녀와 한 집안에서 오순도순 동고동락하는 즐거움은 없어졌습니다. 노인은 무용지물이 되었고 거추장스러운 존재로 추락하고 말았습니다. 이런 사회 풍토에서 노인의 설 자리는 점점 더 좁아질 수밖에 없습니다.

예전에는 자식이 노후보험과도 같은 존재였으나, 이제는 자식에게 의존해 노후를 대비하려는 생각은 버려야 합니다. 홀로서기를 준비해야 합니다.

앞으로 어떻게 살아야 할지, 어떻게 하면 노년을 아름답고 보람 있게 살아갈 수 있을지를 진지하게 생각해 보아야 합니다. 이것이 모든 정년퇴임자들의 당면한 과제요, 최대 관심사입니다. 어떻게 보면 사회적 약자가 된 노인은 서럽고 두렵고 불안한 것처럼 느껴지기도 합니다만, 마음먹기에 따라서는 성숙한 지혜로 밝고 보람 있게 살아갈 수 있습니다. 문제는 어떠한 마음가짐으로 살아가느냐에 달려 있습니다.

미국의 노년학 연구가인 레이처드는 노인을 원숙형, 안락의자형, 장갑차형, 분개형, 자책형의 다섯 가지 유형으로 나누었습니다. 각 유형의 특성은 다음의 표 2와 같습니다.

표 2. 레이처드의 노년기 5가지 성격 유형

유형	특징
원숙형	미래 지향적 태도를 가지고 유유자적하면서 적극적이고 긍정적으로 살아가는 유형
안락의자형	안락의자에 평안히 앉아 있는 것처럼 소극적이고 무사안일 속에 은둔하는 유형
장갑차형	젊은이에 대하여 적의를 가지고 자기를 방어하는 유형
분개형	내가 이렇게 된 것은 모두 너희들 때문이라고 비난하면서 인생의 실패를 남에게 돌리는 우울한 폐쇄형
자책형	내가 실패하게 된 것은 모두 나 때문이라고 여기고 자기만 책망하며 비관하는 고독한 유형

이 다섯 가지 유형 중에서 나는 과연 어디에 속하는 가를 깊이 생각해 볼 필요가 있습니다. 어떠한 인생관과 어떠한 정신자세를 갖고 살아가느냐에 따라 행복한 노후를 보낼 수도 있고 불행한 노후를 보낼 수도 있기

때문입니다.

　우리의 노후생활은 경제적 대책도 물론 중요하지만, 정말로 중요한 것은 정신적 대책입니다. 어떤 정신자세를 가지고 살아가야 하느냐의 문제입니다. 이 책에서는 후자의 문제를 주로 다루어 나갈 것입니다.

100세 시대를 살 준비를 해야 한다

　의학의 발달은 인생 100세 시대를 열어 주었습니다. 60세에 퇴직한다면 그 후에도 40년을 더 살게 되었습니다. 하지만 이 긴 세월을 무슨 일을 하면서 어떻게 살아가느냐에 따라, 축복의 시간이 될 수도 있고 불행한 시간이 될 수도 있습니다.

　이제부터 인생 100세 시대를 살 준비를 해야 합니다. 여생을 어떻게 살 것인가에 대하여 진지하게 고민을 해봐야 합니다. 무엇보다도 확고한 정신적 대책이 없다면, 아마도 당신의 여생은 권태의 연속이요, 고독의 지겨운 세월이요, 허무함으로 견딜 수 없는 고통이 계속

될지도 모릅니다. 이것은 인생의 불행한 말년입니다.

우리는 노후를 어떻게 살아야만 보람 있고 건강하게 살고, 아름답게 늙어갈 수 있겠느냐 하는 문제가 우리들 노년의 당면한 과제로 대두되었습니다. 그럼 어떻게 살아야 할까요? 이에 관련하여 의미 있는 답을 찾아 볼 수 있는 연구 결과가 있습니다.

2006년 10월 우리나라의 대표적인 장수촌인 전북 순창에서 백세인 연구의 세계적인 석학들이 참석한 '국제 백세인 심포지엄'이 열렸습니다. 여기서 논의된 '장수의 요인'을 살펴보면 그 답을 찾아낼 수 있을 것입니다. 당시 신문에 보도된 내용을 요약해 봅니다.

첫째, 장수하는 데는 환경요인이 절대적(70%)이지만, 이것 못지않게 중요한 것은 삶에 대한 희망, 긍정적 사고방식, 자신이 행복하다고 여기는 마음가짐 같은 심리적 요인이라고 했습니다.

둘째, 장수하려면 무엇보다도 주어진 환경에서 자신을 잘 돌보는 데 최선을 다 하는 것이 가장 중요하다고 지적했습니다. 제대로 된 음식을 먹고, 알맞은 운동을 하고, 하고 싶은 일을 하면서, 마음을 편안하게 가지는 것이 장수의 비결이라고 했습니다.

셋째, 이웃과 잘 지내고, 자기에게 옳은 일을 하고, 작은 일이라도 사회에 기여하는 일을 함으로써 자신 있고 당당하게 늙어가는 것이 장수하는 길이라고 했습니다.

이 '국제 백세인 심포지엄'에서 논의된 장수 요인을 살펴보면 노후를 어떻게 살아야 할지를 가늠해 볼 수 있습니다. 또한 삶에 대해 스스로 책임지고 준비해야 한다는 것을 깨닫게 됩니다. 이것을 참고하여 노후생활을 설계하고 구체적인 실천 계획을 세워 인생 말년을 건강하고 보람 있게 보내야 합니다.

무엇보다도 감사한 것은 노년기에도 나 자신만을 위한 인생을 살아갈 수 있는 기회가 주어졌다는 점입니다. 이것은 예전에는 상상할 수조차 없던 축복입니다. 이 기회를 적절히 활용하여 새로운 삶을 개척해 나가야 할 것입니다.

고독을 이겨내는 힘을 길러야 한다

정년퇴임을 하면 무엇보다도 하던 일에서 단절됨으로써 사회에서 소외되고 '이제 쓸모없는 인간이 된 것은 아닌가?'하는 생각 때문에 쓸쓸한 고독감에 사로잡히게 됩니다. 더욱이 사랑하는 자녀들이 슬하에서 멀어지고 정다운 친구들이 하나둘 세상을 떠나며, 평생을 동고동락한 배우자마저 별세하고 나면 고독감을 느끼지 않을 수 없게 됩니다.

같이 웃어 줄 친구가 없고 서로 의지하고 얘기할 사람이 없으니 그 허전하고 외로운 심정을 누가 헤아려 줄 것입니까? 고독은 공허감과 소외감을 일으킵니다. 고독은 인간의 활력을 빼앗고 생기를 박탈하고 목숨까지도 앗아가는 견디기 어려운 정신적 고통입니다.

더구나 자기의 직업을 천직으로 알고 평생을 한 직장에서, 또는 한 가지 일에 매달려 지내다가 어느 날 정년으로 물러나 무료한 나날을 보내게 되면 당장은 모르지만 꽤 시간이 지난 후 밀물처럼 엄습해 오는 고독감과 허탈감에 사로잡히게 됩니다.

지난날이 꽤나 화려했던 사람들이라면 더욱 그때를 잊지 못한 채 두문불출하고 천장을 응시하며 잠 못 이루는 밤이 계속될 가능성이 높습니다. 그러면 몸은 망가지고 병마는 육신을 짓이기게 될 것입니다.

그때부터 절반은 5년을 넘기지 못하고 세상을 등지고, 절반은 5년을 넘겨 장수를 누린다고 합니다. 결국 그 차이는 고독감을 극복할 수 있느냐 없느냐에 달려 있습니다.

고독은 노인들이 피할 수 없는 운명이지만, 우리는 이 고독을 견디고 이겨내야 합니다. 이 고독감을 어떻게 극복하느냐에 따라 정년 후의 삶이 행복할 수도 있고 불행할 수도 있습니다. 고독을 이겨내기 위해서는 평소에 풍요한 마음을 가지도록 힘써야 합니다. 마음이 풍성한 사람은 관심이 다양하고 애정이 깊고 취미가 넓으며 사색이 풍부하고 너그럽습니다. 마음이 빈약하면 관심이 좁고 애정이 없으며 취미가 메마르고 사색이 부족하여 남을 포용하지 못합니다. 그러므로 평소 대인관계를 돈독케 하고 많은 독서를 통해 시야를 넓히거나, 종교를 통해 신앙생활을 갖는 것이 필요합니다. 그래야 고독을 견딜 수 있는 강한 정신력을 키울 수 있습니다.

무엇보다도 고독을 이겨내기 위해서는 평생 추구하는 일거리와 항상 몰두할 수 있는 취미를 갖는 것이 중요합니다.

정년 후 갑자기 할 일이 없어져 사는 것이 무료해지면, 자연히 삶의 보람을 상실하게 됩니다. 사람은 하는 일이 있어야 사는 것에 보람을 느끼기 마련인데, 하는 일 없는 무료한 나날을 보내게 되면 고독감은 점점 더 커질 수밖에 없습니다. 그래서 정년 후에도 계속 하는 일이 있어야 합니다.

그렇지만 오늘날 같은 불경기에 노인들에게까지 주어질 마땅한 일거리는 찾기 어렵습니다. 그럼에도 불구하고 어떻게 해서라도 가벼운 일거리를 스스로 만들어 현역으로 활동하던 시절에 가졌던 생체리듬을 계속 유지할 수 있도록 해야 합니다.

노후는
덤으로 사는 인생이 아니다

적어도 30년은 더 활동할 수 있다

언젠가 나는 인터넷 사이트에서 매우 충격적인 기사 하나를 읽었습니다. 65세에 은퇴한 어느 회사원이 95세가 되던 생일날, 어영부영 허송세월을 한 지난 30년을 돌아보고 얼마나 많은 후회의 눈물을 흘렸는지 모른다는 사연이었습니다. 그는 은퇴 전 65년 동안의 생애는 자랑스럽고 떳떳했지만, 은퇴 후 30년의 삶은 부끄럽고 후회되는 비통한 삶이었다고 술회했습니다.

그가 정년으로 퇴임하게 되었을 때, 회사에서는 계속 근무하라고 권유했지만, 앞으로 몇 년이나 더 살 수 있겠나 싶어 만류를 뿌리치고 퇴직을 했다고 합니다. 그런데 그 후의 남은 생활을 그저 건강하게 살다가 고통 없이 죽기만을 기다렸기에 그의 삶은 덧없고 희망도 없는 삶이 되어버린 것입니다. 그런 삶을 30년이나 살았다는 자책의 변이었습니다. 그 30년의 시간은 지금 그의 나이 95세에서 보면 3분의 1에 해당하는 기나긴 시간입니다.

만약 그때 앞으로 30년을 더 살 수 있다고 생각했다면, 그간 축적한 노하우를 잘 활용하여 뭔가 이루었을 것이며, 퇴임 전보다 더 보람되고 값진 삶을 살았을 텐데 그동안 허송세월한 것이 뼈에 사무치도록 후회된다는 것이었습니다. 그는 제 스스로 '나는 늙었다.' 또 '뭔가를 시작하기에는 너무 늦었다.'고 생각한 것이 큰 잘못이었다는 것을 지금에야 깨닫게 되었다고 했습니다.

그러면서 그는 지금 95세이지만 아직 정신도 또렷하고 몸도 건강하니 앞으로 10년은 더 살 수 있을 것이라며, 남은 시간은 하고 싶었던 어학공부를 시작하려 한다고 했습니다. 그렇게 결심하게 된 이유는 단 한 가지, 10년 후 맞이하게 될 105번째 생일에, 65세 때처럼 왜 아무것도 시작하지 않았는지 후회하지 않기 위해서라며 강한 의욕을 보였습니다.

이 기사는 나에게 많은 깨우침을 주었습니다. 나 또한 그 회사원처럼 아무런 준비 없이 정년을 맞이하였으며, 40여 년 동안 봉직했던 교직에서 퇴임했습니다.

그때 나는 이 세상 살 날이 얼마 남지 않았다는 생각이었기 때문에 정년 후의 삶에는 솔직히 아무런 대책이나 준비가 없었습니다. 그저 달랑 연금통장 하나에 의지한 채 세상 밖으로 밀려났습니다.

정년 후에도 또 다른 한세상이 남아 있다는 사실을 그때는 미처 깨닫지 못한 것입니다. 사실 20년 전, 아니 10년 전만 하더라도 정년으로 물러나는 많은 퇴임자들에게 그런 생각이 지배적이었기 때문에, 자신의 노후 생활에 대비하지 못하여 현재는 많은 어려움을 겪는 사람들이 적지 않습니다.

오늘날 의학의 발달로 사람의 수명은 점점 길어지고 있습니다. 통계청 발표에 따르면 한국인의 평균수명(기대수명)이 1948년에는 50세도 안 됐지만, 2012년에 와서는 81세를 넘어서고 있습니다. 따라서 정년으로 퇴임하는 사람들은 60세를 기준으로 계산할 때, 앞으로 더 살 수 있을 것으로 예상되는 기대여명期待餘命은 적어도 30년은 될 것이라고 추산할 수 있습니다. 아마도 이런 추세로 간다면 앞으로 10년 후에는 기대여명이 40년을 넘을 것이라는 추정도 가능합니다. 이 주어진 수명을 어떻게 보람 있게 활용하느냐가 우리들의 당면 과제가 되고 있습니다.

단순히 오래 사는 것 자체가 궁극적인 목적이 되는 시대는 지났습니다. 인생의 말년을 상당 기간 동안 병원에 누워있거나 지팡이에 의지해 비틀거리며 살아간다면 100세까지 산들 무슨 의미가 있겠습니까?

이제 여생을 건강하게, 그리고 보람 있게 살기 위해서는 지금부터라도 스스로 몸과 마음을 다스려 나가는 지혜와 노력이 필요합니다.

은퇴 후 더 의욕적으로 활동하는 사람들

74세에 은퇴하여 조용히 여생을 보내는 노인이 있었습니다. 할 일이 없으니 노인클럽에 나가서 잡담을 하거나 체스를 두는 것이 고작이었습니다. 그러던 어느 날, 한가로이 노인클럽에서 체스 상대를 기다리고 있었는데 클럽의 한 젊은 봉사자가 다가와 말을 걸었습니다.

"그냥 그렇게 앉아 계시느니 미술실에 가서 그림 한 번 그려보시겠어요?"

할아버지는 조금 당황해서 이렇게 되물었습니다.

"내가 그림을? 나는 붓을 잡을 줄도 모르는데……."

"그야, 배우면 되지요."

"그러기엔 너무 늦었어. 나는 이미 여든이 넘었는걸."

"제가 보기에 할아버지의 연세가 아니라, 할 수 없다고 생각하는 마음이 더 문제인 것 같은데요."

젊은이의 그런 핀잔은 곧 그로 하여금 미술실을 찾게

만들었습니다. 그림 그리는 일은 생각했던 것만큼 어렵지도 않았으며, 더욱이 그 나이가 갖는 풍부한 경험으로 인해 한층 성숙한 그림을 그릴 수 있었습니다. 붓을 잡은 손은 떨렸지만 그는 매일 거르지 않고 그림 그리는 일에 몰두할 수 있었습니다. 이 새로운 일은 그의 마지막 인생을 풍요롭게 장식해 주었습니다. 그가 바로 평론가들이 '미국의 샤갈'이라며 극찬을 아끼지 않았던 해리 리버맨Harry Lieberman입니다.

그의 천재성은 그때부터 빛을 발하여 여든한 살부터 그림을 그리기 시작해 죽을 때까지 수많은 그림을 남겼으며 백한 살에 스물두 번째 전시회를 마지막으로 삶을 마쳤습니다.

해리 리버맨의 이야기는 무슨 일을 시작하기에 너무 늦은 때라는 것은 없으며, 더구나 나이가 몇 살인가는 중요하지 않다는 사실을 분명히 보여주고 있습니다.

아닌 게 아니라 근래에 매스컴에 소개되어 우리의 눈길을 끈 노인들의 활동상을 살펴보면 나이든 사람들도 얼마든지 새로운 일에 도전할 수 있다는 것을 실증하고 있습니다.

우리는 여든다섯 살 생일을 자축하기 위해 스카이다이빙을 한 조지 부시 전 미국 대통령의 도전정신에 놀라게 되고, 나이 팔십에 40년 동안 경영하던 란제리 사업에서 은퇴하고 골프 · 리조트 등 실버단지 조성이라는 새로운 사업을 시작한 남양 L&F의 남상수 회장의 끈질긴 집념에도 경탄을 금할 수가 없습니다.

또 상식대로라면 집에서 편히 쉬고 있어야 할 나이지만, 자신이 세운 호서대학교 총장직을 20여 년 동안 수행하다가 새로 설립한 서울 벤처정보대학원으로 자리를 옮겨 아흔세 살의 나이로 왕성한 활동을 하고 있는 강석규 총장, 그리고 죽는 순간까지 '인생의 현역'으로 살자며 신노인운동을 제창하고 있는 일본의 세이루카 국제병원의 이사장 겸 명예원장으로 활동 중인 아흔여덟 살의 현역 내과의사 히노하라 시게아키 박사 등 이분들의 노익장이 부럽기만 합니다.

노인들의 활동에는 남녀차별도 없습니다. 일흔여섯에 처음 붓을 잡고 여든여덟에 한국화 전시회를 연 억척스런 윤수덕 할머니, 그리고 2008년 크리스마스 날

화제가 되었던 수능 최고령 응시자로 인덕대학교 일본어과에 합격하여 장차 일본어 전문 번역사가 되겠다는 야무진 꿈을 키우고 있는 일흔 여섯의 늦깎이 학구파 조성희 할머니 등의 의욕적인 활동에 그저 머리를 숙이게 됩니다.

이렇듯 늙어서도 할 일을 찾아 열심히 일하고 있는 사람들은 남들이 환갑을 넘으면 자신들이 이미 나이가 많아 무엇을 새롭게 시작하기에는 너무 늦었다고 포기하고 있을 때, 새로운 일에 도전하여 왕성하게 활동함으로써 '나이는 숫자에 불과하다.'는 것을 실증해 보여 주고 있습니다. 그뿐만 아니라 '뜻만 있다면 무엇이든 이룰 수 있는 것'이라며 노인들에게 희망과 용기를 북돋아 주고 있습니다.

늦었다고 생각한 때가 가장 빠른 때입니다. 계획만 세워놓고 미적거리던 일이 있다면 지금 당장 시작해 보세요. 누구나 새로운 세계에 뛰어들 때는 두려움을 느낍니다. 그러나 일단 새로운 일에 뛰어들게 되면 일은 계속 앞으로 나가기 마련입니다. 그래서 '시작이 반'이라는 속담도 생겨난 것입니다. 늦었다고 생각될 때 두려워하지 말고 당장 시작하는 것이 무엇보다 중요합니다.

노년기, 새로운 참 인생의 시작

평균수명의 증가는 그동안 우리들이 살아온 삶에 대한 인식에도 큰 변화를 가져오고 있습니다. 평균수명이 70세에서 80세, 90세로 늘어나니 우리의 인생설계도 바뀔 수밖에 없게 되었습니다. 노후에도 우리가 살아야 할 삶의 기간이 30~40년이나 되니 계획 없이 살기에는 너무 긴 세월이 남아 있기 때문입니다.

인간의 일생을 성장·활동·안식의 세 단계로 나누어 볼 때, 지금까지는 은퇴 후의 노후생활은 덤으로 사는 여명餘命으로 생각해 왔습니다. 그래서 노년기에 들어서면 체력과 기력이 쇠약해지니 사회적 활동무대에서 물러나 인생의 마지막 시간을 조용히 보내는 것으로 여겨왔습니다.

그러나 요즈음 은퇴 후의 노년기는 적어도 30년, 혹은 40년간을 더 살아야 하는 짧지 않은 기간이 남아 있는 데다가 넉넉한 식생활과 의료혜택으로 건강하니 무엇이든 할 수 있는 기력이 남아 있는데, 아무런 일도 하지 않고 무료한 나날을 보내야 한다면, 이는 즐거운 은퇴생활이 아니라 고통스러운 은퇴생활이 되기 마련입니다.

이제 내 의지대로 내가 하고 싶은 대로 살 수 있는 참 인생이 기다리고 있습니다. 우리는 또 다른 새로운 삶을 시작해야 합니다. 그러려면 우리가 할 수 있는 일을 찾아내야 합니다. 평소 내가 하고 싶었던 일, 또 내가 남보다 잘할 수 있는 일을 찾아내 나 자신만을 위한 인생을 살아갈 수 있는 기회로 삼아야 합니다.

지금까지 언제 내가 하고 싶은 대로 하고 살 수 있었던 시절이 있었습니까? 이제 모든 짐 벗었을 테고 홀가분하고 부담 없는 여생을 자신만을 위한 보람된 일에 쓸 수 있다면 제2의 새로운 인생은 한결 즐거울 수 있을 것입니다.

노년기에도 새로운 삶을 시작할 수 있다는 것은 이전에는 상상도 할 수 없었던 커다란 축복입니다. 기쁜 마음으로 새로운 삶을 개척해 나가야 할 것입니다.

평생 추구할 수 있는 일을
가져야 한다

활동하는 노인은 빨리 죽지 않는다

활동하는 노인은 빨리 죽지 않습니다. 할 일이 많아서 주저앉아 있기에는 너무나도 생활이 바쁘기 때문에 일손을 멈추지 못합니다. 이러한 활동적인 생활이 그들을 오래 살도록 만들어 주고 있습니다.

정년퇴직자들이 갑자기 늙어버리는 것은 실제로 늙어서가 아니라, 자기는 이제 할 일이 없어 쓸모없게 되었다는 생각 때문이라고 합니다. 늙어서도 할 일이 있으면 젊은이 못지않게 정열적으로 삶을 유지할 수가 있습니다.

아메리카 교향악단을 창립한 세계적인 명지휘자인 레오폴드 스토코프스키Leopold Stokowski는 매우 건강하게 장수한 사람으로 노년에도 정열적으로 활동한 사람으로 유명합니다.

그는 이미 90고개를 넘고 있었지만 지휘봉을 놓지 않았습니다. 연주하기 위해 지휘대에 올라갈 때에는 기어가듯이 올라가지만 일단 지휘봉을 잡으면 구부정했던 허리는 쫙 펴지고 젊은이 못지않은 정열이 솟아나곤 했습니다.

톨스토이나 버트런드 러셀도 80을 훨씬 넘어서까지 저술활동을 했으며, 피카소 역시 90을 훨씬 넘겨 죽는 날까지 젊음이 넘치는 그림을 그렸습니다. 참으로 놀라운 정열이 아닐 수 없습니다.

이처럼 노년기에도 정열적으로 활동하는 사람이 많습니다. 그들의 삶에 대한 집념이 우리보다 강해서 그런 것은 아닐 것입니다. 그러면 과연 무엇이 그들로 하여금 젊은이 못지않은 정열을 지니게 해주었을까요?

그것은 늙어서까지도 자기의 능력을 믿고 이 세상에 아직 자기가 해야 할 일이 남아 있다는 신념이 나이를 이기게 하는 힘을 주었기 때문입니다.

아프리카를 최초로 탐험한 선교사 리빙스턴은 어느 날, 밀림에서 사자의 습격을 받아 갈비뼈가 부러지는 중상을 입었습니다. 그 위기에서 벗어난 그는 '사명을 완수할 때까지 나는 죽지 않는다.'고 말했다고 합니다. '할 일이 남아 있는 사람에게는 죽을 틈도 없다.'는 말이 실감나게 마음에 와 닿습니다.

늙어서도 새로운 일거리를 찾아 이에 도전하고 성취해 보겠다는 강한 집념을 갖는다면, 리빙스턴의 말대로 그 일이 끝날 때까지는 죽지 않고 정열적으로 일에 몰두할 수 있을 것입니다. 할 일을 찾아야 할 이유가 여기에 있습니다.

평소 하고 싶었던 일에 도전해 보자

노후를 보람 있게 보내려면 평생 추구하는 일과 항상 몰두할 수 있는 취미를 가져야 합니다. 일에 몰두할 때 우리는 인생의 충만함과 성취감을 느껴 사는 것에 보람을 갖게 되지만, 할 일이 없어 무위도식하게 되면 우리의 인생은 허무하고 무의미하게 됩니다. 앞으로 남은 20년, 혹은 30년의 긴 여생을 무슨 일을 하며 어떻게 살아야 하는가에 대한 노후대책을 세우지 못한다면 우리의 인생은 고달플 수밖에 없습니다. 그래서 노후에 알맞은 일거리를 찾아야 합니다.

그럼 어떤 일거리를 만들어야 할까요? 이제 신체에 부담이 되는 일거리는 우리들에겐 힘이 부칩니다. 자신의 신체조건에 맞는 일거리를 찾아야 합니다. 물론 그저 세월을 보내기 위해 소일하는 것이 아니라, 어떤 것에 재미를 붙여 보람 있는 세월을 보낼 수 있는 생산적인 일거리 말입니다.

정년 후에 하는 일은 평소에 하고 싶었지만, 직장 때문에 할 수가 없었던 일을 시도해 보는 기회로 삼아야 한다고 생각합니다. 어떤 계기를 만든다는 것이 쉬운 일은 아닌데, 정년이라는 이 기회가 새로운 일을 시작할 수 있는 계기를 만들어 줍니다. 이 기회에 자기의 천분天分과 취미에 맞는 일거리를 갖는다면 가장 행복한 노후생활이 될 것입니다.

이제 생계를 위해 더 이상 억지로 일하지 않아도 되었으니 자신만을 위해 쓸 수 있도록 새롭게 선물 받은 노후의 시간을 어떻게 활용해야 할지 진지하게 생각해 보아야 합니다. 결코 이 귀한 시간을 무의미하게 흘려 보내서는 안 됩니다.

노인의 역할이 달라져야 한다

이제 노인들의 역할도 달라져야 합니다. 나이 들었다고 해서 사회의 구석자리로 밀려나서는 안 됩니다. 나이 든 사람들도 사회의 일원으로 참여하고 사회적으로 인정받을 수 있어야 합니다.

더구나 고령사회에 들어서면서 노인 인구가 어느덧

사회·경제적으로 부담이 되고 있는 현실을 감안할 때, 이제는 노인들도 사회에 보탬이 되는 일을 찾아 나서야만 합니다. 나이가 들어서도 뜻만 있다면 얼마든지 보람 있고 창조적인 삶을 펼칠 수 있고 또 그렇게 되어야 합니다.

우리 주변에는 각종 프로젝트에 참여하여 적극적으로 사회활동을 하거나 자기계발을 위해 공부하여 새로운 일에 도전하거나 자기의 전문지식과 축적된 노하우를 살려 전문가로 활동을 하는 노인들이 많습니다. 노년에도 할 일이 있다는 사실은 자신의 존재 이유를 확인받는 것이 되므로 삶의 보람을 갖게 해 줍니다.

이처럼 노후생활이 뭔가에 새롭게 도전하는 생활로 이어진다면 고독감에서 벗어나 활기차고 새로운 제2의 인생을 보낼 수 있을 것입니다.

제2부

건강하게
장수하는 길

건강이
가장 중요하다

건강은 인생의 기본적 가치이며 자산이다

　인간은 누구나 튼튼한 몸으로 오래 살기를 원합니다. 병에 시달리며 살기를 원하는 사람은 이 세상에 아무도 없을 것입니다. 무병장수無病長壽는 모든 사람의 간절한 소원입니다. 병약한 몸으로 살아가는 인생에게 무슨 의미와 즐거움이 있겠습니까?

　건강해야 사는 기쁨이 있고 행복이 있고 보람이 있습니다. 그래서 누구나 건강하기를 원하는 것입니다. 그러므로 건강은 인생의 기본적 가치요, 중요한 자산입니다.

　미국의 유명한 정치가요, 과학자인 벤저민 프랭클린은 '건강의 유지는 자기에 대한 의무인 동시에 사회에 대한 의무이다.'라고 말했습니다. 몸이 허약하여 병들면 가족에게 폐를 끼치게 되고 주위 사람들에게 부담스러운 존재가 됩니다. 건강해야만 개인적 · 사회적 직분을 다할 수 있습니다. 그래서 건강은 인간의 첫째가는 의무인 것입니다.

　'돈을 잃어버리는 것은 인생의 적은 것을 잃는 것이다. 용기를 잃어버리는 것은 인생의 많은 것을 잃어버리는 것이다. 그러나 건강을 잃어버리는 것은 인생의 전부를 잃어버리는 것이다.'

　이 건강에 관한 잠언은 건강의 중요성을 단적으로 시사해주는 것으로, 건강이 인생에 있어 얼마나 중요한 자산인가를 잘 말해주고 있습니다.

　우리는 살아가면서 건강의 가치를 잊고 지낼 때가 많습니다. 막상 병에 걸려 시달리고 나서야 건강의 고마움을 알게 되고 건강을 잃고 나서야 그 가치를 뼈저리게 느끼게 되는 게 우리네 인생입니다. 우리는 언제 건강을 잃게 될지 모릅니다. 병마나 사고가 항상 우리의 생명을 노리고 있습니다. 그러므로 늘 건강에 조심해야 합니다. 건강에 대한 관심은 모든 관심에 앞서야 합니다. 건강관리에 소홀하고 무관심하다는 것은 자기 인생에 대하여 태만하고 무책임한 것입니다. 건강을 등한히 하는 것은 곧 인생을 등한히 하는 것이나 다름이 없습니다.

온 천하를 얻는다고 해도 내가 없다면 무슨 소용이 있겠습니까? 세상의 어떤 것을 얻기 위해 자기 몸을 희생한다는 것처럼 어리석은 일은 없습니다. 한 사람에게 있어 건강은 곧 생명이고 가족들에게는 든든한 기둥과 마찬가지이며, 나라에 있어서는 발전의 토대요 밑천입니다. 이 세상에서 가장 가치 있고 소중한 것은 바로 건강입니다.

놀라운 칠순 노인의 재생기

건강은 인간의 가장 중요한 자산이요, 첫째가는 밑천

입니다. 건강해야 인생을 즐겁게 살 수 있고 뜻한 바를 성취할 수 있고 행복한 생활을 누릴 수가 있습니다. 그래서 건강은 인간의 최대 관심사요, 만인이 바라는 간절한 소원입니다.

그러나 모두가 건강을 원하면서도 그것을 지키기 위해 노력하는 사람은 적습니다. 여기 노엘 존슨의 이야기는 누구나 이 기적 같은 사실에 감탄과 놀라움을 금할 수가 없습니다.

노엘 존슨은 미국 미네소타 주의 헤론레크에서 한 농부의 아들로 태어났습니다. 몸이 너무 허약해서 어린아이가 걸리는 병은 하나도 빠지지 않고 다 걸릴 정도였습니다. 늘 감기에 걸려서 끊임없이 콜록콜록 기침을 하고 특히 신장이 나빠서 일부를 잘라내는 수술까지 받았습니다.

그렇게 약한 몸이면서도 용케 69세까지 간들간들 살아왔는데 이제는 심장이 너무 약해서 더 이상 생을 이어가기 힘든 상황까지 왔습니다. 그는 단 10보도 걷지 못하는 중환자였습니다. 의사는 어떠한 일을 하든지 생명이 위험하다고 충고했고 생명보험 가입도 거절당했습니다. 이제는 양로원에 들어가든지 아니면 죽는 길밖에 남아 있지 않았습니다.

그런 그가 70세가 되면서 일대 결심을 했습니다. 즉 체질을 개선해서 다시 한번 인생을 살아보자고 결심한 것입니다. 그러나 결심은 쉬웠지만 실행은 어려웠습니다. 조금만 뛰어도 숨이 차고 다리가 후들거리거나 근육이 굳어져서 주저앉기만 했습니다.

비타민제와 미네랄제 등을 한 보따리 사서 이것저것 먹어보기도 하고 영양학 · 식이요법 · 체조 · 러닝 · 능력집중법 · 호흡법 등 건강에 관한 책을 닥치는 대로 읽기도 했습니다.

하지만 마땅한 대안을 찾을 수가 없었습니다. 어떤 의사는 이렇게 말하고 어떤 대가는 저렇게 말하니 도대체 누구의 말을 믿어야 할지 종잡을 수가 없었습니다. 그래서 그는 혼자의 힘으로 자기 나름의 독특한 건강법을 개발했습니다.

그의 건강법 기본원칙은 첫째, 굳은 의지력으로 정신관리를 철저히 하고, 둘째, 올바른 자연식을 해서 충분하고 균형 있는 영양을 취하고, 셋째, 달리기와 호흡법에 중점을 둔 기준치에 맞는 운동을 꾸준히 실행한다는 것입니다.

결국 그는 전 미국 노인 마라톤의 제1인자가 되었으며 세계 시니어 복싱 챔피언을 다섯 차례나 방어한 노익장 선수로 유명해졌습니다. 육체는 낡았지만 그에게는 '이대로는 죽을 수 없다'는 강한 의지가 있었기에 가능한 일이었습니다.

그는 칠순 노인도 자기 나름의 건강법을 개발하여 꾸준히 실천한다면 누구든 자기와 같이, 아니 그 이상으로 건강해질 수 있다고 확신하고 있습니다. 그러면서 그는 건강에 관해서는 남에게 의존하지 말고 자기 일은 자기 자신이 직접 챙기라고 권하고 있습니다.

노엘 존슨의 이 이야기는 우리에게 굳은 정신력만 있다면 누구나 병을 고치고 건강을 회복할 수 있다는 자신감을 갖게 해주었습니다. 그뿐만 아니라 장수에 대한 희망을 가지고 살아가도록 용기를 북돋아 주기에 충분합니다.

이것은 인간에게 더없는 축복의 메시지요, 더할 수
없는 기쁜 소식이 아닐 수 없습니다.

건강비결의 세 가지 대원칙

모든 사람들이 건강하게 살기 위하여 건강에 관심을
가지고 건강하기에 힘쓰고 있으나 사람마다 건강을 유
지하는 방법은 다릅니다. 그것은 각자가 처한 환경과
형편이 다르고 식사법이나 운동방법이 다르고, 또 체질
이나 의지 등에 따라서도 달라질 수밖에 없기 때문입니
다. 그래서 사람들은 자기 나름의 건강법을 개발하여
실천하고 있습니다.

건강의 비결이 무엇이냐고 묻는다면 앞에서 지적했
듯이 각자의 여건이 다르기 때문에 이런 질문에 똑같은
답이 나올 수는 없을 것입니다. 그러나 건강에 관한 정
보를 종합해 보면 몇 가지 공통되는 대원칙이라 할 수
있는 건강의 비결은 있습니다.

첫째, 무리하지 않는 것입니다.

이것은 건강의 대원칙이요, 첫째가는 계명입니다. 우리의 몸은 무리를 하지 않으면 병이 생기지 않습니다. 대개의 질병은 무리를 하는 데서부터 시작됩니다. 무리를 하면 고장이 나고 잘못되게끔 되어 있습니다. 이것이 만물의 질서요, 법칙입니다.

무슨 일이나 지나친 것은 좋지 않습니다. 도가 지나치는 것은 질병의 원인이 됩니다. 우리는 다섯 가지 지나침을 경계해야 합니다. 그것은 과음, 과식, 과로, 과색, 과욕하지 말라는 것입니다.

인간은 이러한 도에 지나친 생활과 행동으로 자기의 수명을 스스로 단축시키고 있습니다. 무슨 일이나 지나치면 실수하게 되고 잘못을 저지르게 됩니다. 자연을 거스르지 않고 균형과 조화를 이루면 우리는 언제나 건강한 삶을 누릴 수 있습니다.

둘째, 항상 즐거운 마음으로 사는 것입니다.

건강은 신체의 문제인 동시에 마음의 문제입니다. 항상 마음이 즐겁고 기쁨과 감사에 넘치면 누구나 마음이 편해서 건강하게 살 수 있습니다. 사람의 주인은 몸이 아니고 마음입니다. 몸은 주인인 마음이 시키는 대로 움직입니다. 따라서 마음이 건강하지 않고서는 건강한 육체를 가질 수도, 유지할 수도 없습니다.

마음이 즐거워야 몸도 건강해지는 것입니다. 우리가 건강하게 살려면 항상 평화로운 마음, 즐거운 마음, 감사하는 마음으로 살아야 합니다. 이것이 건강의 최대 비결입니다.

마음이 병들면 몸도 병듭니다. 마음속에 불안 · 초조 · 공포 · 질투 · 분노 · 좌절 같은 부정적인 감정이 가득 차 있으면 몸이 절대로 건강할 수가 없습니다. 마음에 걱정이 많고 늘 스트레스에 시달리는 사람이 건강한 예는 없습니다. 인간 질병의 반은 마음이 원인이 되어 생기는 것입니다. 마음을 편하게 가지세요. 너그러운 마음과 기쁜 마음으로 즐겁게 사십시오. 이것이 장수의 길입니다.

셋째, 늘 열심히 일하는 것입니다.

우리는 일하고 활동하는 데에서 인생의 보람과 기쁨을 찾아야 합니다. 인간은 원래 활동하고 움직이는 동물입니다. 따라서 항상 일을 찾아 움직여야 하고 활동해야 합니다. 늙었다고 일거리를 찾지 않는다면 노화는 더 빨리 찾아옵니다.

흘러가지 않는 물은 썩기 쉽고 움직이지 않는 기계는 녹슬기 마련입니다. 우리의 몸도 움직이지 않으면 병이 생깁니다. 건강은 노동으로부터 생기며 만족은 건강으로부터 생깁니다. 일하고 활동해야 건강해지고 만족과 기쁨, 즐거움을 얻을 수 있습니다.

스위스의 철학자 칼 힐티Carl Hilty는 '인간의 최대 행복은 계속 일하는 데에 있다. 인생의 가장 행복한 때는 일에 몰두하고 있을 때이다. 행복하기를 원하면 무엇보다도 일을 찾으라.'고 말했습니다.

인생의 진정한 행복은 모름지기 일에서 찾아야 한다는 것입니다. 보람 있는 일에 헌신하고 몰두하게 될 때, 사람은 하는 일이 재미있고 사는 것이 보람 있어 행복감을 느끼게 됩니다.

일을 함으로써 우리는 잡념에서 벗어날 수 있고 식욕이 왕성해지고 깊은 잠을 잘 수가 있습니다. 더욱 보람 있는 일이라면 기쁨과 만족을 더해줄 뿐만 아니라, 하는 일이 즐겁고 성취감 또한 큽니다. 일할 수 있다는 것은 인생의 커다란 축복인 동시에 건강을 지키는 길입니다.

이 세 가지 건강의 비결은 누구나 실천할 수 있는 평범한 방법입니다. 그러나 생각처럼 실천하기는 쉽지 않을 것입니다. 오래 살려면 건강해야 합니다. 건강하기를 원한다면 도전하는 마음으로 실천에 옮겨야 합니다.

꾸준히 규칙적으로
운동해야 한다

장수마을 사람들의 장수 비결

운동을 하면 기분이 상쾌해지고 외모도 젊어 보이고 수명도 늘어납니다. 규칙적인 운동은 건전한 식생활과 병행될 때 최고의 장수효과를 낼 수 있습니다. 그러나 지나친 운동은 오히려 노화를 촉진시키고 면역체계를 약화시키므로 삼가야 합니다. 건강하게 오래 살기 위해서는 적당량의 운동을 규칙적으로 하는 것이 무엇보다 중요합니다.

장수마을 사람들이 건강하게 오래 사는 이유는 그들의 일상이 항상 몸을 움직이는 신체활동을 많이 하고 있다는 데 있습니다. 장수마을에서는 100세가 넘은 사람들도 예외 없이 밖에서 농사를 짓거나 집안일을 하며 매일 걸어 다니며 꾸준히 신체활동을 하고 있습니다.

장수학자들은 운동이 장수하는 데 가장 기본적이고 필수적인 요소라며 '장수하고 싶으면 꾸준히 운동을 하라.'고 권하고 있습니다. 이미 수많은 연구자가 규칙적으로 유산소 운동을 하면 노화속도를 감소시켜 수명이 늘어난다고 발표했습니다.

그럼 어떤 운동이 노인들에게 가장 효과적일까요?

걷기 운동

노인에게 가장 좋은 운동은 몸 전체를 움직일 수 있는 걷기운동입니다. 걷기는 뛰는 것보다 무릎의 부담이 적고 부작용이 없어 노인들에게 가장 적합한 운동입니다. 의학자들이 성인병 치료법으로 걷기를 권장하는 이유가 바로 이 때문입니다.

KBS 프로그램 〈생로병사의 비밀〉 중에 '마사이족처럼 걸어라.'라는 내용이 방영된 이후 걷기운동에 대한 관심이 높아졌습니다.

마사이족은 하루 평균 3만 보 이상을 걷는 것이 일상생활인데도 이들에게서는 피로감을 찾아볼 수 없을 뿐더러 고혈압, 심장병, 당뇨병 같은 성인병 환자가 지금까지 단 한 사람도 없었다는 것이 주목의 대상이 되었기 때문일 것입니다.

도대체 걷기와 건강은 어떤 관계가 있는 것일까요? 〈생로병사의 비밀〉의 취재팀이 밝혀낸 주요내용을 옮겨봅니다.

① 걷기운동으로 얻는 효과
- 걷기운동은 무릎 주변의 근육을 강화시켜 관절염 증세를 약화시킵니다.
- 규칙적인 걷기를 하면 할수록 면역체계가 강화됩니다.
- 걷기운동을 하면 혈압이 내려가고 콜레스테롤 수

치가 낮아져서 심장마비의 위험을 절반으로 줄일
수 있습니다.

- 꾸준히 걷기운동을 하면 뇌졸중 발생 가능성이
  40%나 낮아지고 당뇨병에 걸릴 확률이 60%나 줄
  어듭니다.
- 특히 70대에 걷기운동을 하면 골다공증에 걸릴 확
  률을 30% 이상 낮출 수 있습니다.
- 지속적으로 하루 만 보 이상 걷기운동을 하면 8년
  정도는 더 건강하게 오래 살 수 있다고 합니다.

② 효과적인 걷기 운동 방법

- 파워 워킹을 하는 것이 효과적입니다. 팔을 힘차게
  흔들면서 되도록 큰 보폭으로 빨리 걷는 것이 좋습
  니다.
- 운동화는 체중의 1% 정도로 가벼운 것을 신어야
  하고 밑창이 부드럽고 탄력이 있어야 발바닥 전체
  에 충격이 고루 분산되어 발이 피로하지 않습니다.
- 탈수를 예방하기 위하여 운동 중에 꼭 물을 마시는
  것이 좋습니다.

③ 뒤로 걷기의 효과

노인 인구 중 80%는 퇴행성 관절염을 앓고 있는데 그들이 괴로워하는 것은 무릎의 통증입니다.

지금까지 관절염 환자에게 가장 좋은 운동이라 알려진 것은 평지를 걷는 것, 실내 자전거 타기, 수영 같은 것이었는데 이와 같은 운동은 모두 앞쪽에 있는 근육과 인대를 튼튼하게 할 뿐 뒤쪽의 근육과 인대를 튼튼하게 할 수 있는 운동은 아니었습니다.

이럴 때, 뒤로 걷기운동은 무릎 뒤쪽 연골을 튼튼하게 보호할 수 있는 가장 좋은 방법이어서 나이 들면 생기는 관절염을 예방하는 데 크게 도움이 됩니다.

유의할 점은 뒤로 걷는 것이 익숙하지 않은 동작이라는 점과 뒤를 돌아보며 걷기 때문에, 힘이 많이 들고 피곤하며 특히 노인에게 위험할 수도 있으므로 되도록 넓은 공간이나 운동장 같은 데서 운동을 하는 것이 좋겠습니다.

등산 운동

노인들에게 권장되는 또 하나의 좋은 운동은 등산입니다. 장수마을은 대체로 해발 300~500m 높이의 산간 마을에 위치하고 있어 마을 사람들은 언덕을 자주 오르내리며 살고 있기 때문에, 자연히 운동량이 많아져 건강하게 오래 살게 된다는 것입니다. 한 가지 유의할 것은 무리한 등산은 피하고 그리 높지 않은 야산을 택해야 한다는 것입니다.

등산이 건강에 좋은 이유는 산을 오르면 관절에 꾸준한 자극을 줄 뿐만 아니라 맑은 공기를 계속 폐 속 깊숙이 불어넣는 일석이조의 효과가 있고 운동량이 많아 뱃살에 쌓인 지방을 태워 없애는 데도 도움이 됩니다.

또 등산은 허리 병을 고치는 데 아주 효과가 있습니다. 저의 경우 일 년이면 몇 차례씩 물건을 들거나 삽질을 하다가 삐끗하면 보름 이상을 허리 때문에 고생해 왔는데, 어느 한의사가 야산을 오르내리면 쉽게 고칠 수 있다는 말을 듣고 20여 년 전부터 매일 아침 등산을 시작했는데, 이후 지금까지 허리 때문에 병원에 간 일이 없습니다.

　이밖에 등산은 오르막길과 내리막길이 있어 다리근육을 고루 발달시킬 수 있으며, 신선한 공기를 마음껏 마실 수 있어 유산소 운동으로 가장 좋은 운동방법이 됩니다.

그 밖에 권장하는 운동

　운동을 한다고 모두 효과가 있는 것은 아닙니다. 유산소 운동을 해야만 진정한 효과를 누릴 수 있습니다. 유산소 운동에는 걷기, 수영, 춤추기, 등산, 축구, 자전거 타기, 테니스 등이 있는데, 이 운동을 하면 호흡을 더 깊게 하게 되어 산소와 영양분이 필요한 곳으로 더 많이 도달하고 심장의 기능도 향상됩니다.

　운동을 하지 않고도 장수하는 사람을 찾기는 힘듭니다. 운동은 장수에 가장 기본적이고 필수적인 요소라는 데 의심의 여지는 없습니다. 평소에 운동을 전혀 하지 않는 사람이라면, 지금부터라도 하루에 몇 분만이라도 좋으니 우선 시작하는 것이 중요합니다.

운동이란 그렇게 계속하다 보면 언제부터인가 운동을 하지 않으면 몸이 찌뿌드드하고 기분이 개운치 않은 것이 금방 느껴져서 운동을 하지 않고는 못 견디게 되어 운동을 점점 더 하고 싶어지게 만듭니다.

늙었다고 웅크리고 있지 말고 당장 운동을 시작합시다. 그것이 건강을 지키는 길이요, 오래 사는 유일한 방법입니다.

체중 감량과 뱃살 빼는 법

〈생로병사의 비밀〉에서 밝힌 체중 감량과 체지방 빼는 방법은 이 때문에 고민하는 분에게 희소식이 되고 있습니다.

회사원 전 씨는 40대로 고도의 비만과 그에 따른 합병증으로 많은 고생을 해왔습니다. 그러나 6개월 전부터 시작했던 걷기 운동을 통해 이제는 완전히 다른 새로운 삶을 살게 되었다고 합니다. 그는 회사를 걸어서

출퇴근하고 저녁마다 두 시간씩 매일 걸었습니다. 그러자 무려 40kg이 빠졌고 합병증도 모두 해소할 수 있었다고 합니다.

우리는 흔히 걷는다는 것을 보잘것없는 것으로 생각하기 쉽지만, 비만의 주범인 지방을 없애는 데는 걷기만큼 효과적인 운동은 없습니다. 그렇기 때문에 걷기를 규칙적으로 3개월 이상 계속 하면 체중과 뱃살도 많이 줄어들고 복부와 허리 둘레도 줄어듭니다. 그런데 한 가지 전제조건이 있습니다. 그것은 바로 힘차게 걸어야 한다는 것입니다. 터벅터벅 걸어가는 것으로는 효과가 나지 않습니다.

달리기나 줄넘기 같은 격렬한 고강도 운동을 하면 일단 체내에서 가장 쉽게 에너지원이 될 수 있는 탄수화물이 가장 먼저 소비되기 시작하지만, 오래 계속할 수 없어서 지방은 거의 에너지원으로 전환되지 않습니다. 운동을 시작해서 15분에서 30분까지는 주로 탄수화물이 소비되지만, 그 이후 운동시간이 지속되면 탄수화물의 소비율이 낮아지면서 지방 소비율이 급격히 높아집니다.

그래서 고강도 운동을 오래 계속할 수 없는 노인들에게는 저강도 운동인 걷기가 체지방을 연소하는 데 가장 효과적이라는 것입니다. 그러므로 체중을 감량하거나 체지방을 빼려는 사람들은 걷기를 적어도 한 시간 이상 계속적으로 운동을 해야 합니다. 계속되는 시간이 길어지면 길어질수록 지방산화가 촉진됩니다.

살을 빼려면 가급적 아침이나 저녁 공복상태에서 운동을 하는 것이 좋습니다. 공복상태에서 운동을 하면 피부나 간에 붙어 축적된 지방이 먼저 연소되어 에너지원으로 사용되기 때문에 비만, 지방간, 고지혈증 환자에게 효과적입니다. 특히 체지방을 줄이는 다이어트에 제격입니다.

평소보다도 약간 빠르게 걷는다는 생각이 들 정도로 걷되, 초보자는 1분에 90m, 중급자는 1분에 100m를 걷는 속도로 걸어야 좋다는 것입니다. 배와 엉덩이 근육에 힘을 주고 허리를 펴고 팔을 앞뒤로 크게 휘저으며 힘차게 걸으면 운동 효과는 두 배로 높아진다고 합니다. 한 시간에서 두 시간 정도, 약간 빠르게 힘차게 걷는 다이어트 운동이 당신의 인생을 바꿉니다.

올바른 생활습관을
가져야 한다

생활습관을 바꾸자

사회가 풍요로워지면서 현대인이 앓는 병도 양상이 많이 달라졌습니다. 예전 같으면 빈곤이나 열악한 생활 환경에서 많이 생겼던 폐병 같은 질병이 대다수였으나 현대에는 고혈압, 동맥경화, 뇌졸중, 심장병, 암 등 풍요한 생활 때문에 생기는 질병이 대부분을 차지하게 되었습니다.

이 같은 질병은 대체로 나이든 노인이 되면서 발병하기 때문에 지금까지는 '성인병'이라고 했었습니다만, 이런 질병들의 원인은 모두 젊은 날의 잘못된 생활습관에서 생긴 병으로 요즘에 와서는 '생활습관병'이라고 부르고 있습니다.

예를 들면 평소 담배를 많이 피운 사람은 폐암에 걸리고, 동물성 지방을 과다 섭취한 사람은 대장암에 걸릴 확률이 높습니다. 짠 음식이나 소금을 많이 섭취하면 뇌졸중에 걸리고, 영양을 과다하게 섭취하거나 운동이 부족한 사람은 당뇨병에 걸리기 쉽습니다.

이렇듯 잘못된 생활습관이 오랫동안 쌓이면 결국 고혈압, 당뇨병, 비만 등과 같은 질병을 얻게 됩니다.

이런 질병은 따지고 보면 모두가 자기 자신이 스스로 만드는 병입니다. 오래 살기를 원한다면 지금까지의 일상생활을 되돌아보고 잘못된 생활습관을 바로잡는 것이 무엇보다 중요합니다.

보건학자들에 따르면 사람이 얼마나 오래 사느냐는 70% 이상이 본인의 책임에 달려 있다고 말합니다. 수명의 30%만이 유전과 관련이 있고, 50%는 개개인의 생활방식에, 나머지 20%는 개인의 경제적·사회적 능력이 좌우한다고 합니다. 이처럼 올바른 생활습관이 중요함에도 현대인들은 불규칙한 취침과 기상 등 편의 위주의 생활에 젖어 있습니다.

일본 세이루카 국제병원의 이사장 겸 명예원장인 히노하라 시게아키는 98세의 현역 의사로 아직도 활발한 의료 활동을 하고 있는 노익장 교수이기도 합니다.

일찍이 예방 의학의 중요성을 지적해 온 그는 《나이를 거꾸로 먹는 건강법》이라는 저서에서 생활습관병을 예방하기 위해서는 '지나친 것'부터 고치라고 역설합니다.

그는 요즈음 사람들은 적절한 선에서 그만 두는 일을 잘하지 못해 과식, 과음, 과다 영양 섭취 등 지나친 식습관에서 벗어나지 못하고 있는데, 이 지나친 식습관이야말로 발병의 주원인이 되고 있다며, 배 부르기 전에 숟가락을 놓는 습관이야말로 우리들이 건강하게 살 수 있는 비결이라는 것입니다. 모두가 한번쯤 곱씹어 생각해 보아야 할 문제라고 생각됩니다.

나이가 들면 몸도 머리도 노화하기 시작합니다. 노화는 피할 수 없지만 몸과 마음을 완전히 망가뜨리지 않을 수는 있습니다. 잘못된 생활습관을 고치기만 한다면, 질병을 충분히 예방할 수 있으며 우리의 건강도 지킬 수 있습니다.

언젠가는 고쳐야겠다고 차일피일 미루지 말고 오늘 당장 시작해야 합니다. 왜냐하면 건강은 행동의 결과이기 때문입니다. 건강은 실천하는 사람만이 얻을 수 있는 보배입니다. 자신의 건강은 스스로 지켜야 합니다. 자신의 건강을 의사에게 맡기거나 남에게 의지하는 일은 어리석은 짓입니다. 일상생활 속에서 꾸준히 실천할 때 당신의 건강은 지켜질 수 있습니다.

음식에 답이 있다

영국의 장수학자 샐리 베어Sally Beare는 장수마을 사람들의 건강 비결을 알아내기 위해 직접 세계 5대 장수마을을 살핀 끝에 더 오래, 더 젊게 살 수 있는 방법을 밝혀냈습니다.

결론부터 말하면 그것은 우리가 먹는 음식에 답이 있다고 했습니다. 음식만 올바르게 먹어도 더 젊게 더 오래 살 수 있다는 것입니다. 그럼 장수마을 사람들의 첫째가는 건강 비결인 식생활은 어떤지 살펴봅니다.

건강한 식생활의 원칙은 간단합니다. 신선한 과일과 채소를 많이 먹으면서, 정제된 탄수화물보다는 통곡식과 몸에 좋은 지방을 골라 먹고 고기는 적게 먹으며 조리시간은 되도록 짧게 하는 것입니다. 건강식품에는 각종 채소와 허브, 콩류와 생선, 거기에 맛을 내는 마늘과 양파, 생강과 간장, 약간의 와인 등 다양한 식품이 포함됩니다.

이렇듯 세계 장수마을 사람들이 즐겨 먹는 음식은 우리와 크게 다르지 않습니다. 우리도 다음에 설명하는 장수마을 사람들의 식생활습관을 배워 실천할 수 있다면 그들처럼 얼마든지 건강하게 오래 살 수가 있습니다.

① 소식을 실천하라

'오래 살고 싶으면 조금 덜 먹는 소식小食을 실천하라.'는 것이 모든 장수학자들이 공통적으로 권하고 있는 장수 비결입니다. 그러나 이를 실천하기란 말처럼 쉽지가 않습니다. 식욕은 본능인 데다가 한참 맛있게 먹던 숟가락을 놓기란 결코 쉽지 않기 때문입니다.

포천 중문의과대학 차바이오 메디컬 센터의 김상만 교수는 내 몸을 건강하게 하고 장수하는 가장 효과적인 방법은 소식이라며 이를 적극 권장하고 있습니다.

그는 소식을 하면 ① 다이어트가 저절로 되고, ② 몸의 독소가 배출되며, ③ 피부가 좋아지고, ④ 면역력이 강화되고, ⑤ 만성피로가 해소되는 효과를 얻을 수 있다고 말합니다.

이렇듯 내 몸에 좋은 것이 소식이지만 이를 실천할 때에는 표 3과 같은 요령으로 소식을 해야 효과를 얻을 수 있습니다.

표 3. 소식 실천 요령

- 항상 조금 모자란 듯하게 먹는 습관을 들여야 하며 가능한 한 30%의 절식에 도전해 볼 것.
- 먹는 양을 갑자기 줄이지 말고 서서히 줄여나갈 것.
- 가공식품을 먹지 말고 현미, 잡곡 위주로 식사할 것.
- 규칙적으로 하루 두 끼, 혹은 세 끼를 먹는 것은 괜찮지만 적게 자주 먹거나 간식을 먹지 말 것.
- 채소는 매 끼 먹도록 하고 해조류도 자주 먹을 것.
- 제철 과일을 즐겨 먹되 식사와 함께 먹을 것.

김상만 교수는 지금까지 연구의 결과 건강하게 사는 방법으로 ① 적당한 체중 유지, ② 간식 먹지 않기, ③ 규칙적인 운동, ④ 하루 7~8시간 수면, ⑤ 금연, ⑥ 적당한 음주, ⑦ 아침 식사의 7가지가 있다고 밝히고 이들 방법은 모두 소식과 관계가 깊다고 말합니다.

② 고영양 저칼로리 식생활을 즐겨라

장수하기로 유명한 지역의 사람들은 '영양은 풍부하면서도 칼로리가 낮은 식사'를 한다는 공통점이 있습니다. 장수학자들은 인간의 한계수명이 120세이며 그것을 가능케 하는 유일한 방법은 바로 고영양 저칼로리의 식생활에 있다고 말합니다.

고영양 저칼로리의 음식이란 바로 신선한 각종 채소와 과일, 여러 가지의 통곡식, 생선, 견과류, 씨앗을 비롯한 콩류와 같은 식물성 고단백질 식품입니다. 이 식품을 먹는 식생활을 하면 노화 속도를 늦추는 것은 물론 노화과정을 거꾸로 되돌릴 수 있다고 합니다.

장수학자이며 영양학자인 샐리 베어는 고영양 저칼로리 식단이 왜 좋은지 그 이유를 다음과 같이 설명합니다.

음식을 먹으면 소화과정에서 부산물로 독성 노폐물이 만들어지는데 그중에서도 유해산소는 몸을 파괴할 뿐만 아니라, 심각한 질병의 근원이 되며 세포 노화를 촉진합니다.

그런데 고영양 저칼로리의 식사를 하면 몸에서 유해산소가 만들어지는 것을 막고, 유해산소의 영향력을 중화할 수 있습니다. 또한 이 식사에는 항산화제가 풍부한 과일과 채소, 통곡식이 많이 들어가서 노화를 억제하는 데도 큰 도움을 줍니다.

또 고영양 저칼로리의 식단은 모든 면에서 건강에 좋습니다. 간의 해독능력과 호르몬의 기능을 높여 주고 피를 깨끗하게 하는 신장의 기능을 높이고 골다공증을 예방하며 관절도 더 튼튼하게 합니다.

어쨌든, 이 식사법만큼 전반적으로 암의 발생을 줄이는 방법은 아직 발견하지 못하고 있습니다. 그러면 칼로리를 어떻게 줄일 수 있을까요? 평소에 과식하는 편이라면 칼로리 섭취를 더도 말고 10~20% 정도를 꾸준히 줄여나가도록 합니다. 복잡하게 칼로리 계산을 하고 싶지 않다면 너무 배부르지 않고 너무 배고프지 않은 상태, 그 정도만 먹도록 하면 좋은 효과를 볼 수 있을 것입니다.

반대로 칼로리를 계산해서 먹는 것이 더 편하다면, 하루에 최대 2,200칼로리를 넘지 않는 것이 좋다고 합니다. 참고로 장수마을 사람들은 하루 평균 약 2,000칼로리 정도만 섭취하고 있습니다.

고영양 저칼로리 식이요법이야말로 노화 속도를 늦추고 수명을 연장하는 데 가장 효과적이고 유일하게 효과가 입증된 방법이라니 한번 큰마음 먹고 실천해 보기를 권합니다.

③ 고기는 줄이고 식물성 단백질 섭취를 늘려라

몸을 건강하게 유지하려면 동물성 단백질보다는 식물성 단백질을 먹는 것이 좋습니다. 코넬 대학의 콜린 캠벨Colin Campbell 박사는 동물성 단백질이야말로 독이 되는 영양분이라며, 대신 식물성 단백질을 권하면서 식물성 단백질을 섭취하기만 해도 90세 이전에 암이나 심장병, 당뇨병 같은 질병이 발생하는 것을 90% 정도 예방할 수 있다고 주장합니다.

《건강하게 나이 드는 법》에 소개된 장수마을 사람들은 건강하게 오래 살고 싶다면 고기보다는 채소를 많이 먹으라는 메시지를 전합니다. 그렇다고 장수마을 사람들이 고기를 싫어하는 것은 아닙니다. 다만 1주일이나 2주일에 한 번 정도 특별한 날에 고기를 먹지만, 고기를 먹을 때도 주요리로 먹기보다는 각종 채소요리에 약간 곁들이는 식입니다.

그래서인지 장수마을 사람들은 암에 걸리는 확률이 유난히 낮습니다. 그 이유 중 하나는 고기를 적게 먹기 때문이라는 것입니다. 그러면 채식만으로 필요한 모든 영양분을 다 섭취할 수 있을까요? 학자들은 채식만으로도 충분하다고 말합니다. 식물성 음식에는 없고 고기에만 있는 영양소는 비타민 D와 비타민 B12뿐인데 비타민 D는 햇볕을 쬐면 자연히 피부에서 만들어지거나 등푸른 생선에서 공급받을 수 있습니다. 비타민 B12는 고기나 생선 또는 두부를 통해 섭취할 수 있거나 우리 몸에 있는 장내 세균에 의해서도 만들어집니다. 이것은 아주 소량만 있어도 충분하기 때문에 결핍증에 걸리는 일은 거의 없습니다.

건강에 가장 좋은 단백질 공급원은 식물성 단백질과 생선입니다. 이 식물성 단백질은 견과류, 씨앗류, 강낭콩이나 대두 등에 많습니다. 모든 식물성 식품에는 어느 정도의 단백질이 들어 있습니다. 그러므로 다양한 종류의 녹색 채소와 콩류, 견과류, 씨앗류, 곡식 등으로 균형 잡힌 채식을 하면 고기를 먹지 않고도 필요한 모든 단백질과 영양분을 충분히 섭취할 수 있어 건강하게 오래 살 수 있습니다.

④ 음식을 되도록 날것으로 먹자

영국의 장수학자이며 영양학자인 샐리 베어 박사는 음식을 되도록 날것으로 먹도록 권장하고 있습니다. 날음식에는 생명을 유지하고 몸을 완전한 건강상태로 지켜주는 데 필요한 모든 것이 들어 있기 때문입니다.

농산물에는 면역기능을 높이고 암을 예방하여 노화를 방지하고 수명을 연장시켜 주는 비타민과 미네랄, 섬유질과 효소 등 영양분이 풍부하게 들어 있습니다.

하지만 익혀 먹기 위해 조리하는 과정에서 열을 가

하면 이런 좋은 영양분이 많이 파괴됩니다. 예컨대 양배추를 물에 넣고 끓이면 비타민 C의 75%가 파괴되고, 튀기거나 구우면 비타민 E의 50%가 파괴됩니다.

그리고 과일이나 채소를 물에 넣고 익히면 미네랄이 녹아 없어집니다. 또한 단백질이 풍부한 음식을 조리하면 몸에 필요한 아미노산이 변질되어 쓸모가 없어지고 몸에 해로운 것이 될 수도 있습니다.

날 음식은 암이나 나이 들면서 생기는 각종 질병 치료에 크게 도움이 될 뿐만 아니라, 평소 날 음식을 위주로 식생활을 하면 배고픔을 느끼지 않으면서 몸무게를 줄이는 데 아주 효과적입니다.

또 생식요법을 하면 영양분의 순환이 좋아지고 몸 안의 많은 독성물질이 몸 밖으로 배출됩니다. 그 결과 피부가 탱탱해지고 눈이 맑아지며 흰머리도 다시 검어집니다.

생식을 하면 비타민 C의 섭취가 느는데, 비타민 C는 몸에서 피부의 탄력을 담당하는 콜라겐을 계속 만들어냅니다. 또한 생식을 하면 체내에 쌓인 노폐물과 수분이 지방과 섞여 피부 표면이 울퉁불퉁하게 된 셀룰라이

트가 없어집니다. 이것은 생식이 피부 표면의 독성물질을 제거하는 데 영향을 미치기 때문입니다.

생식하기를 원하는 사람은 처음에는 먹는 음식의 3분의 2 이상을 날 음식으로 먹는 것을 목표로 하고, 나머지 3분의 1 정도는 자유롭게 다른 사람들과 외식을 할 수도 있고, 날씨가 추울 때는 따뜻한 국물 요리를 먹을 수도 있습니다.

음식을 날것으로 먹으면 여러 면에서 몸에 좋을 뿐더러 조리를 하지 않아 준비하기도 쉽고 시간과 연료도 많이 절약할 수 있습니다.

매일 어떻게 요리해 먹을까 고민할 필요 없이 집에 있는 채소나 과일은 뭐든지 꺼내서 잘게 썬 다음 그 위에 샐러드 드레싱을 살짝 뿌려 먹든지, 당근이나 양배추, 브로콜리 같은 것은 생으로 먹거나 고추장에 찍어서 먹어도 됩니다. 굳이 채소를 익혀 먹으려면 영양분의 손실을 최소화하도록 살짝 데치거나 볶아 먹는 것이 좋습니다.

그리고 날마다 적어도 과일 몇 조각과 약간의 견과류와 씨앗을 먹도록 하면, 노화를 방지하고 수명을 연장시키는 데 크게 도움이 될 것입니다.

⑤ 우리도 늦지 않았다

'동양의 갈라파고스'라고 불리는 일본의 오키나와, 서양의 주된 사망 원인으로 꼽히는 질병도 이곳에서는 거의 찾아볼 수 없고, 중년 부인이 주로 걸리는 유방암도 아주 희귀해서 유방암 진단 X−선 촬영기가 없는 병원이 많으며, 대부분의 노인은 전립선암이라는 단어를 들어본 적이 없다는 장수의 섬. 더욱이 자살이 없으며 퇴직이란 단어는 아예 이 지방 방언에도 없다는 오키나와는 참으로 젊음을 영원히 지켜주는 꿈같은 낙원입니다.

오키나와는 세계 5대 장수마을 중에서도 최고의 장수마을로 정평이 나 있는 곳입니다. 이곳 사람들은 중년이 지나도 아름다운 피부와 윤기 나는 머릿결, 건강하고 날렵한 몸매를 간직하고 있습니다.

오키나와에서는 100세가 넘는 많은 사람들이 결코 생의 마지막을 요양원에서 보내지 않습니다. 대신 죽을 때까지 충만하고 활기차게 삽니다. 이렇게 건강하게 살다가 어느 날, 아무런 질병도 없는 상태에서 고통 없이 자연사하는 경우가 대부분입니다.

세계 각국에서 온 의사들로 이루어진 한 연구팀이 1975년부터 100세 노인 400명을 포함해 오키나와 사람들의 건강과 장수에 관한 연구를 했는데, 그들은 한결같이 오키나와 사람들이 '믿을 수 없을 정도로 건강하다.'고 평가했습니다.

그러면서 이 연구팀은 오키나와 사람들의 건강 장수 비결을 누구에게나 적용할 수 있다고 밝혔습니다. 가장 중요한 것은 식생활이며 거기에 규칙적인 운동과 긍정적인 마음가짐 등 몇 가지 생활습관을 더하면 된다는 것입니다. 이것은 우리 모두에게 희망을 갖게 해줍니다.

그러면 오키나와 사람들의 식생활은 어떤지 알아봅니다. 오키나와 사람들의 전통적인 식생활은 건강하고 균형 잡힌 식사의 원칙을 따릅니다. 그들이 먹는 음식은 항암제와 노화를 억제하는 항산화제가 풍부합니다. 그들의 전통적인 주식은 고구마와 잎이 많은 녹색 채소, 통곡식이며 여기에 생선과 쌀, 돼지고기와 여러 콩으로 보충하는 식입니다.

오키나와 사람들이 하루도 거르지 않고 매일 먹는 채

소로는 양파와 당근, 양배추, 물냉이, 무 등이며 가장 흔히 먹는 과일에는 파파야, 수박, 바나나, 파인애플, 탄제린 등입니다. 흔히 먹는 해조류는 다시마, 김, 톳, 미역이며 등 푸른 생선인 고등어, 정어리, 청어, 연어 등을 먹습니다. 그리고 통곡식과 메밀, 콩 종류를 많이 먹습니다. 고기는 기름기가 없는 돼지와 염소 고기를 조금씩 먹으며 차는 주로 녹차를 마십니다.

오키나와 사람들은 장수하는 대부분의 사람들과 마찬가지로 역시 고영양 저칼로리 식단으로 효과를 누립니다. 이들은 양으로 따지면 상당히 많은 음식을 먹지만 열량 면에서 보면 이들이 하루에 섭취하는 양은 1,500칼로리밖에 되지 않으며 이것은 미국인이 평균 섭취하는 양보다 40%나 적은 수치입니다.

일본 사람들은 '하라하치부腹八部'라는 말을 자주 하는데 이 말은 80% 정도 배부를 때까지만 먹으라는 뜻입니다. 세계의 장수학자들은 오키나와 사람들처럼 몸이 필요로 하는 것을 먹고 과식하지 않는 것이야말로, 인간의 수명을 연장하는 방법 가운데 유일하게 증명된 것이라고 밝히고 있습니다.

건강한 여생을 살아야 합니다. 지금부터라도 모두 균형 있는 식생활과 긍정적인 마음가짐, 그리고 규칙적인 운동을 시작합시다. 시작하기에 늦은 때란 없습니다. 시작이 반입니다.

꼭 지켜야 할 여섯 가지 건강습관

건강을 위한 좋은 습관을 만든 사람은 그 좋은 습관으로 해서 자기의 건강을 지키고 행복한 삶을 누릴 수 있습니다. 그러나 좋은 습관을 만들기는 쉽지 않습니다. 그렇지만 일단 좋은 습관을 만들기만 하면 힘들이지 않고 계속해서 건강을 지켜 나갈 수 있습니다.

일상생활에서 이루어지는 평범한 작은 습관들 속에 건강습관이 들어 있습니다. '이거 한다고 뭐 건강해지겠나?'하고 무심히 지나쳤던 작은 습관들이 사실은 평생 건강을 지키는 열쇠일 수도 있습니다. 꼭 지켜야 할 건강습관 여섯 가지를 적어봅니다. 이 내용은 모두 건강 전문가들이 적극 권장하는 것입니다.

① 규칙적인 시간에 잠자리에 들자

잠은 인체의 면역력을 키우고 세포를 재생시키고 유해물질을 해독하는 등, 생명활동에 있어 다양하고 필수적인 역할을 담당하고 있습니다. 예를 들어 몸에 통증이나 감기증세, 소화장애 등이 생겼을 때, 잠만 푹 자도 이상증세가 사라지는 치유의 힘을 경험하게 됩니다.

이것은 충분한 수면이 우리 몸에 기운을 불어 넣어 자연 치유력을 높여 주는 역할을 하기 때문입니다. 따라서 '충분한 수면이 운동이나 보약보다 건강에 유익하다.'는 말이 나오게 된 배경이기도 합니다. 그럼 가장 빨리 깊은 수면에 빠지는 편안한 잠자리의 자세는 어떤 것일까요?

그것은 '오른쪽 옆으로 누워 무릎을 구부리고 자는 자세'입니다. 이는 아이가 엄마 뱃속에 있을 때의 그 자세입니다. 심장에 무리를 주지 않도록 오른쪽으로 돌아누워 무릎을 약간 구부리는 자세로 있으면 가장 빠른 수면에 이르고 잠자는 중의 혈액순환에도 도움이 됩니다.

무엇보다 잠을 잘 자려면 규칙적인 시간에 잠자리에

들도록 하고 수면시간을 일정하게 정해 놓는 것이 생체
리듬을 유지하는 데 도움이 됩니다.

② 매일 끊임없이 몸과 머리를 움직이자

나이를 먹으면 몸도 머리도 노화합니다. 노화는 피할
수 없지만 몸을 쉴 틈 없이 쓰게 되면 노화를 완화시킬
수 있습니다. 문제는 계속해서 몸과 머리를 활동시킬
수 있느냐에 달려 있습니다. 우리의 몸은 움직이고 쓰
면서, 동시에 조절하고 치유되도록 만들어져 있습니다.
그래서 끊임없이 사용하고 활동해야 합니다.

건강에는 무엇보다 습관이 중요합니다. 건강을 위한
활동은 반복함으로써 효과를 얻을 수 있습니다. 반복해
야 습관으로 형성됩니다. 그것이 일단 형성되면 그 다
음부터는 아무런 의식이나 노력 없이도 저절로 자연스
럽게 이루어지게 됩니다. 매일 운동을 하고 책을 읽고
사색하고 청소하면서 일상에서 끊임없이 몸과 머리를
쓰도록 노력해야 합니다.

건강은 행동의 결과이며 실천하는 데에서 지켜나갈
수 있는 것입니다.

③ 좋은 식습관을 실천하자

밥 먹는 습관 하나가 우리 몸을 건강하게 하기도 하고 또 나쁘게도 하는 막강한 힘이 있습니다. 밥을 먹는다는 것은 우리 몸의 피를 만들고 살을 만드는 것인데, 그 습관이 잘못되어 있다면 이런 역할을 제대로 수행할 수가 없게 됩니다. 따라서 밥 먹는 습관은 내 건강의 주춧돌이 된다는 점에서 점검해볼 필요가 있습니다.

식생활 교육강사 김수현 약사는 〈건강 다이제스트〉에서 우리 몸에 좋지 않은 습관과 올바른 식습관에 대해 많은 도움말을 주고 있습니다.

먼저 나쁜 식습관에는 다음의 3가지가 있습니다.

• 밥을 꼭 물에 말아 먹는다

우리나라 사람들은 예로부터 밥을 먹을 때 반찬이 없거나 빨리 먹는 습관 때문에 밥을 물에 말아 먹는 나쁜 습관이 있는데, 그렇게 먹을 경우 입안의 세균과 효모를 살균하고 단백질을 분해하는 등 우리 몸에 좋은 일을 하는 위산이 희석되어 위 기능이 현저하게 저하되므로 밥을 물에 말아 먹는 습관은 버려야 합니다.

• 밥을 너무 빨리 먹는다

빨리 먹는 습관은 소화흡수를 방해하고 포만감을 주지 못해 과식을 유발하고 비만의 원인이 됩니다. 꼭꼭 씹어 먹으면 침샘 효소가 음식물의 일부분을 소화시켜 소화기능에 무리를 주지 않습니다. 또 구강이 튼튼해지며 뇌를 건강하게 만듭니다. 그러므로 밥을 천천히 꼭꼭 씹어 먹는 의식적인 노력이 필요합니다.

• 국이나 찌개가 있어야 밥을 먹는다

우리나라 사람들은 뜨겁고 시원한 국을 먹고 땀을 쭉 빼고 나면 다시 기운이 난다고 생각하고 있지만 그것은 잘못된 생각입니다. 그것은 밥을 물에 말아 먹는 것과 같은 나쁜 영향을 주기 때문입니다. 더욱이 우리나라의 찌개나 국은 짠 음식이 많아서 식사 내내 계속 떠먹지 말고 한두 번 떠먹도록 해야 합니다.

다음은 좋은 식습관 3가지입니다. 이것들은 꼭 실천하도록 합시다.

• 현미 잡곡밥을 먹는다

밥을 꼭꼭 씹어 먹어야 하므로 천천히 먹게 되고 과식을 않게 되어 자연히 소식을 하게 됩니다.

• 자연적인 음식을 먹는다

유기농 식품을 먹도록 하고 인공화학 조미료가 들어가지 않은 음식을 찾아서 먹도록 합니다.

• 직접 만들어 먹는다

되도록 정성을 들여 직접 만들어 먹도록 해야 즐겁고 감사하는 마음도 가질 수 있게 됩니다.

④ 물을 많이 마시자

사람은 음식을 먹지 않고도 40일 또는 그 이상을 살 수 있지만, 물이 없으면 3일이나 5일 안에 죽고 맙니다. 그만큼 물은 생명과 직결되는 귀중한 요소입니다.

생수에는 비타민, 미네랄, 마그네슘 등 미세한 영양분이 녹아 있어 우리 몸을 건강하게 유지하는 데 필요한 필수성분이 많이 들어 있습니다.

평소에 물을 많이 마시는 것이 무엇보다 중요합니다. 일반적으로 물의 권장량은 하루 1.5~2L 정도인데, 이에 비해 우리나라 사람들은 보통, 물을 0.8~1L 정도로 적게 마시는 편입니다. 꼭 2L를 섭취하지 않아도 건강에 해롭지는 않으나 되도록 권장량 이상을 마시는 것이 좋다고 합니다. 그러면 물을 어떻게 마시는 것이 좋을까요? 그 요령을 알아봅니다.

- 물은 적어도 하루에 여덟 잔 이상 마시기를 권장합니다. 다만 음식을 먹은 후 곧바로 물을 마시는 것은 좋지 않습니다. 왜냐하면 소화액이 묽어질 수 있기 때문입니다. 따라서 물은 식사 후 적어도 한 시간이 지난 다음에 충분히 마시는 것이 건강에 좋습니다.
- 식전에 물 한 잔을 마셔두면 음식을 덜 먹게 되므로 다이어트를 돕는 효과가 있습니다.
- 아침에 마시는 찬물 한 잔은 위를 놀라게 해서 장을 활발하게 만들기 때문에 숙변을 제거하고 변비에 도움이 됩니다. 많은 의사가 모든 질병은 독성

물질 때문에 생긴다고 주장합니다. 몸에서 처리하지 못한 독성물질은 몸 속 조직에 저장되기 마련이므로 이것을 배출시키려면 물을 많이 마셔야 합니다. 물은 놀라운 자연 치유능력을 갖고 있으므로 이를 잘 활용하면 건강에 큰 도움이 됩니다.

⑤ 비타민 C와 E를 장복하자

노화를 막아 주고 수명을 연장시키는 비타민 C와 비타민 E는 인체에 없어서는 안 되는 필수적인 영양제입니다.

최근 미국 노화연구소에서 67~105세의 노인 1만 명을 대상으로 한 연구에서 비타민 C와 비타민 E 정제를 함께 복용한 경우, 절반의 노인에게서 사망률이 현저하게 줄어들었다는 사실을 밝혀냈습니다. 이 비타민 영양제를 매일 복용하기를 적극 권장하고 있는 강동 가톨릭 병원장인 장종호 박사는 자신의 책《당신도 120세까지 살 수 있다》에서 비타민 C와 비타민 E를 장복하면 확실히 수명을 연장할 수 있다고 하면서 그 효능과 용법에 대하여 설명했습니다.

그렇다면 비타민 C는 구체적으로 어떤 작용을 하는 것일까요?

비타민 C는 암에 대한 면역력을 키워주고, 동맥을 전체적으로 보호하며, 병에 대한 면역기능을 향상시킵니다. 또 치주질환을 막아 주고, 폐질환을 예방하며, 백내장을 예방합니다. 그리고 노화를 막아 주고 수명을 연장하는 작용을 합니다.

그리고 비타민 E는 다음과 같은 작용을 합니다.

비타민 E는 동맥경화를 방지하고, 심장발작을 봉쇄하며, 면역력을 소생시킵니다. 또한 암을 예방하고, 관절염을 완화시키며, 백내장을 지연시킵니다. 그리고 뇌 및 혈액의 노화를 지연시키고 노화와 관련된 정신기능 상실을 호전시키는 데 도움을 주고 있습니다.

식품과의 관계를 살펴보면 비타민 C가 풍부한 식품에는 오렌지, 후추, 피망, 파파야, 딸기, 귤, 키위, 브로콜리, 토마토 등이 있으며 이런 과일과 채소에는 노화를 지연시키는 데 필수적인 항산화제가 풍부하게 들어 있습니다.

비타민 정제를 복용하려면 질병에 따라 다를 수밖에

없지만, 보통 하루에 비타민 C를 1,000mg 이상 섭취하는 것이 좋으며 섭취량이 많을수록 노화방지에 효과가 커서 수 천mg을 섭취하더라도 부작용이 없는 아주 안전한 영양제라고 말하고 있습니다.

비타민 E의 경우 콩기름, 해바라기 기름, 옥수수 기름 등 식물성 기름과 견과류 및 씨앗, 자연 곡물, 맥아 등 지방질 식품에 들어 있지만, 식품에서 노화를 지연시키는 충분한 양의 비타민 E를 얻기는 거의 불가능하므로, 노화를 방지하려면 별도의 영양제를 절대적으로 복용해야 합니다. 다만 하루에 1,000mg 이상 섭취하지 않는 것이 좋다고 전문가는 말하고 있습니다.

이 영양제를 꾸준히 섭취하기 위해서는 식사 후, 즉시 복용하는 습관을 들여야 효과를 볼 수 있습니다. 종합비타민도 함께 복용하면 상승효과를 얻을 수 있습니다.

⑥ 정기적으로 종합건강진단을 받자

우리는 살아가면서 건강의 가치를 잊고 지낼 때가 많습니다. 막상 병에 걸려 시달리고 나서야 건강의 고마움을 알게 되고 건강을 잃고 나서야 그 가치를 뼈저리게 느끼게 되는 게 우리네 인생입니다. 그러나 이것은 실수 중에도 큰 실수요, 돌이킬 수 없는 큰 손실을 불러오는 무지한 실수입니다.

건강을 잃고, 나아가 생명을 잃은 후에 돈이 있으면 무슨 소용이 있고 권세나 명예는 또 무슨 가치가 있겠습니까? 죽는 순간에 후회한들 아무 소용이 없습니다.

질병에 대처하는 가장 현명한 방법은 조기에 발견해서 그 싹을 미리 잘라버리는 것입니다. 특히 우리나라에서 가장 사망률이 높은 암에 대해서는 더 말할 필요가 없습니다.

정기적인 건강검진을 통한 조기발견, 이것이 최선의 예방법입니다. 자신의 소중한 건강을 위해 일 년에 한 번, 정확한 정밀검사를 받는 것입니다. 그러나 정밀검사에서 가장 큰 걸림돌은 역시 비용입니다.

비싼 검진료 때문에 망설이다 검사를 받지 못해 나중에 말기 암을 발견하고 치료를 받게 되면 그 비용도 만만치 않지만, 무엇보다 완치를 기대하기 힘든 경우가 대부분입니다. 결국 암을 치료하지 못하고 죽음에 이르게 됩니다.

문제는 큰 병이 되기 전에 돈을 쓸지, 병에 걸리고 나서 큰돈을 들일지는 각자가 판단할 문제지만, 어차피 쓰게 되는 돈, 완치하지 못하는 치료보다는 조기발견에 쓰는 게 낫지 않을까요? 더구나 조기발견은 완치할 가능성이 분명한데 망설일 이유가 없습니다.

'검진을 통해 조기에 발견했더라면 이렇게 세상을 떠나지 않을 텐데…….'라는 후회가 눈을 감는 마지막 순간에 밀려올 것 같다면 일찌감치 정밀검사를 받는 편이 더 낫지 않겠습니까? 소중한 건강 미리미리 챙겨 둡시다.

장수계획을 세워 지금 바로 실천하자

지금까지 건강하게 장수하려면 어떻게 해야 하는가에 대한 전문가들의 도움말을 전해 드렸습니다. 이런 고무적인 조언은 우리 노인들로 하여금 건강하게 오래 살기 위해 무엇인가를 해야겠다는 희망을 갖게 합니다. 건강하게 살기 위해 애쓰는 데 늦은 때란 없습니다. 지금 당장 시작하기만 하면, 노화와 관련된 대부분의 질병을 예방할 수 있고 또 노화 속도를 늦춰 더 젊고 건강하게 살 수 있다는 것입니다.

많은 의학 전문가들은 장수를 결정짓는 중요한 요인은 '올바른 생활습관'에 있다고 지적하고 있습니다. 지금까지의 잘못된 식생활을 바꾸고, 규칙적인 운동을 꾸준히 하고, 마음을 편안하게 하는 생활습관을 가지면, 생물학적으로 더 젊어질 수 있고 노화를 거꾸로 돌릴 수 있으며 질병을 멀리 떠나보낼 수 있다고 했습니다.

'시작이 반'이란 말이 있습니다. 시작하기가 어렵지 일단 시작하기만 하면 계속할 수 있는 길은 열리기 마련입니다. 생활습관을 바꿔야겠다는 결심이 중요합니다. 결심이 섰다면 당장 전략을 세워 실천하십시오.

일생 동안 계속해 온 잘못된 생활습관을 하루 이틀에 고치려고 하면 어쩔 수 없이 실패하고 좌절하게 됩니다. 점진적으로 조금씩 실천해 나가야 합니다. 각자가 자기의 형편에 따라 매달 조금씩 바꿔 나간다면 자기도 알지 못하는 사이에 변화된 모습을 보게 될 것입니다.

표 4. 장수 전략(생활습관 고치기) 예시

- 흡연과 음주를 매달 10%씩 줄여 나가되 종국에는 끊도록 한다.
- 현미, 잡곡 위주로 식사한다.
- 먹는 양을 서서히 줄여 30% 결식에 도전한다.
- 고영양 저칼로리 식단을 만들어 실천한다.
- 하루 20분의 운동으로 시작해서 매달 늘려 적어도 1시간 이상 운동하도록 한다.
- 걷기 운동, 등산, 자전거 타기, 수영 등과 같은 유산소 운동 중에서 한두 가지를 선택하여 꾸준히 실행한다.
- 하루 7~8시간 이상 충분한 수면을 취한다.
- 모든 일을 긍정적으로 받아들이고 순리대로 살아가도록 한다.
- 모든 사람들의 만남을 즐기고 인간관계를 돈독케 한다.

장수전략은 노화를 멈출 수 있다거나 영원히 살 수 있다는 이야기가 아닙니다. 그러나 노화의 속도를 늦출 수는 있습니다. 그래서 평균수명을 의미 있게 늘릴 수 있으리라 생각합니다. 제시한 생활습관 고치기를 꾸준히 실천한다면 그렇게 발전할 수 있을 것입니다.

마음을 평안하게
다스려야 한다

100세 장수하는 성격 만들기

　무병장수하기를 원한다면 성격부터 바꿔야 합니다. 조급증, 강박증, 완벽주의 같은 성향의 성격으로는 장수할 수가 없습니다. 몸도 건강해야 하지만, 마음 또한 건강해야 오래 살 수가 있습니다. 모든 병은 마음으로부터 온다고 합니다. 마음이 평안해야 몸의 건강도 함께 지킬 수가 있습니다. 그래서 어떤 마음가짐으로 살아야 하느냐가 중요한 것입니다.

신건강인 센터의 박민수 원장은 오래 살기를 원한다면 건강하게 무병장수하는 사람들의 성격을 파악하고 그것을 자신의 것으로 만들라고 권합니다.

여기 월간 〈건강 다이제스트〉에 실린 박민수 원장의 '100세 장수하는 성격 만들기'를 요약해서 소개합니다.

① 단명하는 사람들의 성격

현대의학의 발달로 인간의 수명은 연장되고 있지만, 아이러니하게도 사회의 환경은 단명短命을 재촉하고 있습니다. 건강검진 등을 통해 신체적인 건강은 돌보고 있지만, 정신적인 마음의 건강은 소홀히 하고 있기 때문입니다.

여기에 한국 사회 특유의 관계중심주의 역시 사람들에게 스트레스를 가중시키고 있습니다. 사촌이 땅을 사면 배가 아프고, 남과 다른 것이 불편하고, 답답한 것을 참지 못하며, 기다리는 것을 그렇게도 힘들어 하고, 일을 제대로 하지 못하면 불안해 하는 따위의 성향은 한국인들에게 가장 흔하게 나타나는 성격 유형입니다.

박민수 원장은 '자신의 탓, 남의 탓 하는 사람, 과거에 집착하고 미래를 걱정하지만 현재의 일을 소홀히 하는 사람, 삶과 일에서 가족의 균형을 맞추지 못하는 사람, 자신보다 일이나 목표를 우선시 하는 사람, 과도한 눈치나 체면을 따지는 사람' 등은 단명하기 쉽다고 지적합니다.

그리고 사람들은 스트레스를 풀기 위해 과식, 흡연, 충동구매, 화풀이 등으로 표출하고 있는데, 이것 또한 단명을 재촉하는 잘못된 대응방식이라고 지적하고 있습니다.

② 장수하는 사람들의 성격

장수하는 성격이 따로 있는 것은 아닙니다. 아직 성격과 장수의 문제를 과학적으로 증명하기는 어렵지만, 분명 단명하는 성격은 있습니다.

단명하는 성격
- 자신의 한계 이상으로 밀어붙이는 성격
- 남의 행동까지 모든 책임을 지려는 성격
- 항상 서두르는 성격

이러한 성격이 바로 단명을 재촉하는 성격입니다. 이것을 다음과 같은 장수하는 성격으로 개선해 나간다면, 아마도 당신의 수명은 길게 늘어날 것이며, 건강은 덤으로 따라올 것입니다.

장수하는 성격
- 미래를 걱정하지 않고 지나간 일을 후회하지 않는 성격
- 현재에 집중하는 성격
- 최선을 다하되 과정을 중시하는 성격
- 다른 사람에 대한 애정을 갖되 타인을 바꾸려 하지 않고 타인의 입장을 배려하는 성격

박 원장은 이러한 무병장수하는 사람들의 성격을 파악하고 그것을 나의 것으로 만드는 것도 중요하지만, 좀 더 쉬운 방법은 단명하는 성격을 개선하는 것이라고 했습니다.

③ 단명하는 성격 개선하기

단명하는 성격의 특징으로는 강박적이고 공격적이며 높은 경쟁심 등 성취지향적인 성격과 완벽주의적 성격을 들 수 있습니다. 젊었을 때에는 장점으로 여길 수도 있는 성격이지만, 노년에는 이것으로 해서 많은 스트레스를 받게 되어 단명을 재촉하는 성격이 되기 때문에 개선해야 오래 살 수 있습니다.

만약 당신이 이런 성격이라면 다음 몇 가지를 생활신조로 삼고 느긋한 마음으로 살아가려고 노력해보는 것이 어떨까요?

• 지는 것이 이기는 것

남에게 지는 것이 가장 힘든 당신, 작은 부분부터 져주는 연습이 필요합니다. 가령 게임이나 경기를 할 때 일부러 져 봅시다. 사람들과 함께 한다는 것 자체에 의미를 둡시다. 꼭 이겨야 좋은 것은 아닙니다. 다른 사람의 기쁨에 공감해 줄 수 있을 때, 자신도 즐거워진다는 사실을 작은 부분을 통해 느껴 보는 것이 필요합니다.

• 양보하기

정의감 있고 정정당당하다고 생각하는 당신, 자동차를 운전할 때, 줄 서서 기다릴 때, 나를 앞질러 가는 사람에게 양보해 봅시다. 이런 양보들은 자신이 앞서가면서 미처 보지 못했던 것들을 다시 볼 수 있게 하는 시발점이 됩니다.

• 기다리기

기다리는 것을 그렇게도 힘들어 하는 당신, 지하철이나 버스가 만원이면 바로 타지 말고 한 대쯤 놓쳐 봅시다. 기다리는 상대방이 조금 늦더라도 화부터 내지 말고 싫은 내색 없이 그의 사정을 경청해 봅시다.

조급할 때 느끼지 못했던 감정, 화를 낼 때 느끼지 못했던 상대방의 좋은 점이 당신의 눈에 들어오기 시작할 것입니다.

굳이 시간을 내어 타인에 대해 생각해 보지 않더라도 시간을 내어 여유를 찾지 않더라도 삶의 여유를 느낄 수가 있을 것입니다.

• 싫은 소리도 즐기기

　매사에 완벽하기 때문에 남에게 싫은 소리를 하기도 듣기도 싫은 당신, 남에게 싫은 소리, 하기 힘든 부탁을 해 봅시다. 또 상대에게 허점을 보여 싫은 소리도 일부러 들어 봅시다. 어느덧 자신에게 많이 여유로워져 있음을 발견할 것입니다.

• 일을 분배하기

　내가 하지 않으면 마음이 내키지 않는 당신, 모든 일을 혼자 하려고 하지 말고 나눠서 해 봅시다. 내가 아니어도 집, 회사, 세상은 잘 굴러갑니다. 몸이 힘들다고 하는데도 그것을 무시하고 모든 일을 자신이 맡아서 하려는 생각을 버리고 자신의 불필요한 일은 타인에게 넘겨 봅시다. 혹은 조금 미루어 봅시다.

　지금 꼭 완벽하게 끝내지 않아도 될 일, 집안 정리 등 소소한 일에 등 돌려 봅시다.

• 걱정하지 말기

　모든 일에 걱정부터 앞서는 당신, 걱정한다고 해결

될 것은 아무것도 없습니다. 걱정의 96%는 쓸데없는 걱정이라고 합니다. 걱정할 시간에 준비하고 걱정할 일은 미리 부딪혀 보는 것이 현명합니다. 어느 누구에게나 걱정할 일이 하나도 없는 사람은 없습니다. 그러나 대부분의 경우 그런 걱정은 마음의 평화를 갉아먹을 뿐 그 외에 아무 도움이 되지 못합니다.

스트레스를 극복하는 방법

현대인은 많은 스트레스 속에서 살고 있습니다. 그래서 '스트레스는 인생의 동반자'라는 말이 나옵니다. 인간의 삶에서 스트레스가 없을 수 없다는 것입니다. 그런데 우리는 스트레스를 피해야 할 대상으로 여깁니다. 어떤 외부의 자극 때문에 기분이 안 좋으면 스트레스를 받았다고 말합니다. 그리고 스트레스가 건강에 좋지 않다는 생각도 깊이 뿌리 박혀 있습니다.

하지만 스트레스는 다 나쁘지 않고 무조건 피해야 하는 것도 아닙니다. 스트레스가 아예 없으면 오히려 건강한 삶을 유지하기가 어렵습니다. 우리 몸이 스트레스 요인에 반응하는 습관이 들어 있어야 외부 환경이 변했을 때, 이를 빨리 지각하고 쉽게 적응합니다. 그렇지 않을 경우 스트레스가 해소되지 못하고 계속되면서 정도가 심해지면 드디어 병이 됩니다.

그러나 스트레스를 극복하면 도리어 적응력이 생겨서 심신이 더욱 건강해질 수 있습니다.

① 좋은 스트레스와 나쁜 스트레스

스트레스 요인이란 정신적·육체적으로 가해지는 외부의 자극입니다. 그 자극을 어떻게 받아들이느냐에 따라 좋은 스트레스도 되고 나쁜 스트레스도 됩니다.

사람마다 자신의 성격이나 처한 상황에 따라 스트레스를 받아들이는 자세가 다르기 때문에, 똑같은 자극을 받았어도 어떤 사람에게는 좋은 스트레스가 되고 어떤 사람에겐 나쁜 스트레스로 다가올 수 있다는 것입니다.

똑같은 상황인데 '힘들지만 극복할 수 있다.'고 생각하면 좋은 스트레스를 받는 것이고, '힘들어서 우울하고 화가 난다.'고 생각하면 나쁜 스트레스를 받는 것입니다.

예를 들어 상사로부터 충고의 말을 들었을 때, 불평할 게 아니라 각성하고 분발하는 계기로 삼으면 좋은 스트레스가 되는 것이고, 불평하고 원망하는 마음이 되면 나쁜 스트레스가 되는 것입니다.

한양대학병원 정신건강의학과 오동훈 교수는 좋은 스트레스를 받으면 각성이 일어나 업무 효율이 향상되지만, 나쁜 스트레스를 오랫동안 받으면 독성이 있는 물질이 신체 곳곳에 축적되어 고혈압, 면역력 저하, 암 등으로 이어질 수 있다고 경고하고 있습니다.

따라서 자극이 가해졌을 때, 긍정적으로 반응하기 위한 노력이 필요하다며, 마음만 잘 먹으면 스트레스도 약이 된다는 것입니다.

② 스트레스를 예방하는 비결

현대인은 많은 감정병을 앓고 있습니다. 과도한 감정의 스트레스에서 생기는 감정병은 마음이 원인이 되어 생기는 병입니다. 즉 불쾌한 감정과 기분이 병을 유발한다는 것입니다. 그래서 옛날 우리의 선조들은 이를 화병火病 또는 울화병이라고 했습니다.

신경과학자들은 스트레스를 받지 않는 법을 배우는 것이 장수와 깊은 관련이 있다는 사실을 알게 되었다고 말하고 있습니다.

그럼 스트레스를 어떻게 극복할 수 있을까요?

숭실대학교 안병욱 박사는 자신의 에세이《인생론》에서 스트레스를 예방하는 비결로 두 가지를 제시하였습니다.

첫째, 긍정적·낙관적 인생관을 가져야 한다는 것입니다. 우리는 모든 것을 부정적으로 비관적으로 보지 말고 맑은 마음과 유연한 태도로 스트레스에 대처해야 합니다. 가장 중요한 것은 마음가짐입니다. 똑같은 사태와 상황을 놓고도 그것을 대하는 인간의 정신과 태도는 하늘과 땅 만큼이나 다릅니다. 푸른 안경을 끼면 모든 것이 푸르게 보이고, 검은 안경을 끼면 모두가 검게 보입니다.

내가 어떤 마음의 안경을 끼고 세계와 인생을 보느냐가 중요합니다. 비관의 안경을 끼고 보느냐, 낙관의 안경을 끼고 보느냐에 따라 우리의 세계관과 인생관은 완

전히 달라집니다. 우리는 긍정과 낙관의 안경을 끼고
세계와 인생을 보아야 합니다.

둘째, 강한 정신력과 자신감을 가져야 한다는 것입
니다. 기쁜 마음으로 일하는 사람에게는 스트레스가 없
습니다. 정신력과 자신감이 약하기 때문에 심한 스트레
스를 느낍니다. 자신감에서 생동감이 생기고, 생동감에
서 희열감이 생기고, 희열감에서 성취감이 생기고, 성
취감에서 행복감이 생깁니다.

자신감을 가지려면 긍정적 자아관을 확립해야 합니
다. 긍정적 자아관을 가질 때 비로소 힘이 생기고 신념
이 강해져서 스트레스를 극복할 수 있습니다.

③ 스트레스 관리법

일상생활에서 늘 좋은 스트레스만 받기란 불가능합
니다. 따라서 나쁜 스트레스를 좋은 스트레스로 바꾸는
노력이 있어야 합니다. 스트레스가 해가 되기 전에 해
소하는 것도 건강 유지에 필요합니다. 서울 백병원의
정신건강의학과 우종민 교수가 조선일보에 기고한 스
트레스 관리법을 아래에 옮겨 봅니다.

> ### 〈똑같은 자극을 좋은 스트레스로 만드는 상상법〉
>
> 똑같은 자극을 받았는데 다른 사람보다 더 부정적으로 반응하는 사람은 좋은 스트레스를 받는 훈련이 필요합니다. '파도 상상법'도 그중의 하나입니다. 틈 날 때마다 바다에서 파도가 몰려왔다가 빠져나가는 장면을 반복해서 떠올려 보는 것입니다. 바닷물이 빠져나갈 때 '나를 힘들게 하는 일들도 언젠가는 다 사라질 것'이라는 마음이 되면 스트레스에 긍정적으로 반응할 수 있게 됩니다.

④ 스트레스 해소법
ㅡㅡㅡㅡㅡㅡㅡ

좋은 스트레스라고 해도 과도하면 심신 건강에 좋지가 않습니다. 스트레스가 많이 쌓였다는 느낌을 받기 전에 털어내야 합니다.

그 해소법으로 대표적인 것이 명상瞑想입니다. 명상을 하면 부정적인 생각을 억누르는 긴장을 풀어주는 알파파가 활성화되고 스트레스 호르몬인 코티졸 수치가 낮아집니다.

또 기쁨, 슬픔, 분노 등의 감정을 누군가에게 솔직하게 표현하는 것도 스트레스 해소에 좋습니다. 심리학적으로 기쁨과 슬픔을 잘 표현하는 사람은 스트레스를 받지 않는 경향이 있다고 합니다.

그리고 산책이나 숙면도 권장할 만한 해소법입니다. 산책을 하면 엔도르핀이 분비되어 기분이 좋아집니다. 신체 에너지가 생성되어 스트레스를 극복할 수 있는 힘이 길러집니다. 잠을 잘 자기만 해도 신진대사 전반에 호르몬이 나와서 스트레스를 완화해 줍니다.

젊게 사는 비결

미국 뉴욕주립대학 의대학장인 마이클 로이젠 교수는 젊어지는 방법들과 그 방법을 실천했을 때, 젊어질 수 있는 연수年數를 제시하여 주목을 끌었습니다. 로이젠 교수의 연구에서 특이한 점은 음식, 약, 운동뿐만 아니라, 정신적 건강까지 수치화했다는 것입니다. 몸과 마음이 젊어지는 방법이 무엇인지 정신적인 면의 건강 비결을 중심으로 정리해 봅니다.

① 많이 웃으면 8년까지 젊어진다

유머를 통한 웃음은 소화액 분비를 촉진시켜 식욕을 돋워주고, 스트레스를 풀어주며, 면역력을 향상시켜 질병을 예방하여 건강과 장수를 얻을 수 있도록 해줍니다. 유쾌하게 한 번 웃으면 에어로빅을 5분 정도 하는 것과 맞먹는다고 합니다.

웃음은 부작용이 없는 자연치유제로 현대의학에서도 웃음만한 약이 없다며, 억지로라도 웃는 연습을 하라고 권하고 있습니다.

② 평생 배우는 자세를 유지하면 2.5년 젊어진다

사람은 배움을 통해서 세상 살아가는 방법을 익혀 생존을 유지할 수 있습니다. 그러므로 우리는 죽는 날까지 공부하는 마음으로 인생을 살아가야 합니다.

배운다는 것이 결코 쉬운 일은 아니지만, 배우는 것처럼 기쁘고 보람 있는 일은 없습니다. 배움은 우리를 젊게 하고 슬기롭게 만듭니다. 또 배움은 우리의 시야를 넓게 하고 정신의 눈을 뜨게 하여 한 차원 높은 수준의 인간을 만들어내는 것입니다. 이렇듯 새로운 것을 알게 되는 배움의 기쁨이 되고 즐거움이 되면서 인생을 젊게 만드는 것입니다.

③ 감사하는 마음과 긍정적 태도를 지니면 최소 6년 젊어진다

감사하는 태도는 건강은 물론 장수까지도 가져다줍니다. 매사에 '감사합니다.' 하는 마음가짐으로 살아가면 마음이 편해지고 도와주려는 사람도 나타납니다.

감사하는 마음을 가질 때 인생은 사는 것이 기쁘고 즐거워집니다. 감사하는 마음은 곧 행복의 원천입니다. 오래 살기를 원한다면 먼저 감사하는 마음의 훈련과 습관을 쌓아 나가야 합니다. 그 감사하는 태도가 사람을 젊게 만들고 장수하게 만듭니다.

④ 사회적 네트워크를 구축하면 20~30년 젊어진다

인간은 어떤 형태이든 상호간에 관계를 맺으며 살아가는데, 그중에서 가장 중요한 것은 인간관계입니다.

이 인간관계가 좋으냐 나쁘냐에 따라서 인간의 행불행이 엇갈리고 성패가 좌우됩니다. 인간관계가 좋으면 직장이나 사회생활에서 하는 일이 즐겁고 서로 협력하게 되어, 그것이 곧 인생의 즐거움이 되면서 젊음을 만끽하게 되고 장수하게 됩니다.

⑤ 매일 친구와 전화통화를 하면 8년 젊어진다

매일 전화할 수 있는 친구는 그리 흔치 않습니다. 서로 믿을 수 있고, 흉금을 터놓고 이야기할 수 있는 친구라야 언제라도 전화를 할 수가 있을 것입니다. 속마음을 털어놓고 허심탄회하게 의견을 나눌 수 있는 정다운 벗을 가진다면, 그보다 값진 재산은 없을 것이며, 그보다 행복한 사람은 없을 것입니다. 그런 참된 친구가 삶을 기쁘게 해주어서 인생을 즐겁게 살 수 있게 되니 젊어질 수밖에 없습니다.

전문가가 밝힌
장수하는 방법

장수마을의 건강 장수 비결

영국의 장수학자 샐리 베어Sally Beare 박사는 자기 자신이 식생활을 바꾸어 건강이 극적으로 좋아지는 체험을 한 것을 계기로 영양학을 전공하고, '장수하면서도 여전히 젊음을 유지하는 사람들만의 건강비결'을 알아내기 위해 직접 세계 5대 장수마을을 살핀 끝에,《건강하게 나이 드는 법》이란 저서를 통해 그 건강비결을 밝혔습니다.

그런데 그녀가 밝힌 장수비결은 사실 비결이랄 것이 없습니다. 그것은 몇 가지 음식, 그리고 생활습관이 비결의 전부이기 때문입니다.

　그 지역에서 나온 농수산물을 먹고 활동적으로 생활하며, 늘 신선한 공기를 마시고 긍정적으로 생각하는 자세야말로 그들이 우리보다 더 건강하게 오래 사는 이유의 전부라는 것입니다.

　세계적 노화학자이자 영양 전문가인 존 맥두걸 박사는 '성공적으로, 그리고 멋지게 나이 드는 비결은 믿기 어려울 만큼 너무 간단하다. 건강한 식생활, 적당한 운동, 건전한 생활습관이다. 이렇게 단순한 것을 실천했을 때의 결과는 기적에 가까울 만큼 놀랍다.'고 말했습니다.

　많은 장수학자들은 세계의 대표적인 장수마을 사람들이 대부분 신기할 정도로 건강한 데다가 100세가 넘었는데도, 여전히 활기가 넘치고 있는 그 주된 이유가 좋은 유전자 때문이 아니라 환경적 요인과 관련이 있다고 말합니다.

　그렇다면 우리도 장수마을 사람들이 살아가는 생활

방식대로 살아간다면 우리 역시 그들처럼 얼마든지 오래 살 수 있습니다. 우리도 조금만 노력하면 이러한 비결 중 대부분을 삶 속에서 실천할 수 있기 때문입니다. 문제는 굳은 의지로 실천할 수 있느냐 없느냐에 달려 있습니다.

장수를 위한 열 가지 방법

건강하고 즐겁게 지내면서 장수하는 것이야말로 모든 사람들이 한결같이 소망하는 꿈입니다. 그래서 많은 사람들이 '어떻게 하면 건강하게 오래 살 수 있을까?' 하고 그 비결을 알고 싶어 합니다. 여기 그 질문에 명쾌하게 답하는 장수 전문가가 있습니다.

서울대학교 의과대학 체력과학 노화연구센터 소장인 박상철 교수는 우리나라 100세 이상 고령자 1,653명을 대상으로 장수하는 원인을 조사한 결과, 장수하는 비결이란 지극히 '평범한 생활을 하는 것'이라고 결론짓고 있습니다.

다시 말하면 근면성실하고 부지런하되 음식을 고루 먹으며 항상 긍정적인 생각과 집안 대소사에 관여하는 등 아주 평범해 보이는 일상을 사는 것이 장수의 비결이었다고 말합니다. 결국 장수하는 데에 특별한 비결은 없으며, 장수하는 것은 순전히 본인이 하기에 달렸다는 것입니다.

그러면서 그는 오랜 연구결과를 토대로 '장수를 위한 10가지 방법'을 제시했는데 〈건강 다이제스트〉에 실린 그 내용을 요약하여 옮겨 봅니다.

① 특별한 장수음식이란 없는 듯, 좋아하는 음식은 제각각이었으며 정해진 시간에 적정량을 규칙적으로 먹는 것이 좋습니다.

② 무조건 소식이 능사가 아니며 젊었을 때보다 상대적으로 적게 먹는 것이 건강을 유지하는 비결입니다.

③ 지나치게 자식에게 의지하지 말고 자기 문제는 스스로 해결하고 항상 편안하고 화목한 가정을 만들 수 있도록 먼저 노력합니다.

④ 집안의 소일거리라도 좋고 자신만의 취미생활이

나 봉사활동 등 스스로의 존재가치를 깨닫는 일을 꾸준히 하는 생활을 합니다.

⑤ 머리를 바쁘게 굴리는 노인의 경우, 치매의 불안감에서 해방될 수 있습니다. 평상시 책을 자주 읽고 주변사람들과 대화하는 것이 좋습니다.

⑥ 늙으면 외롭고 서러울 때가 많습니다. 친구를 많이 사귀고 인간관계를 좋게 하여 외로움을 떨쳐버리게 되면 장수할 수 있습니다.

⑦ 매일 불규칙하게 살다보면 건강에 적신호가 옵니다. 규칙적인 식생활과 취침 등을 계획대로 실천한다면 오래 살 수 있습니다.

⑧ 장수마을은 대개 기복이 심한 지형이라고 합니다. 산에 오르내리느라 운동량이 많은 덕분에 오래 살 수 있으니 등산을 생활화하도록 합시다.

⑨ 기름기가 많거나 달고 짜고 매운 음식은 멀리하고 술·담배를 금해야 합니다. 돼지고기는 가급적 삶아서 먹는 것이 건강에 좋습니다.

⑩ 장수하는 사람들은 특별한 지병이 없습니다. 평상시에도 건강을 위한 정기검진을 꾸준히 받아야 합니다.

한국 명의들이 제시한 건강 장수법

KBS가 책으로 펴낸《생로병사의 비밀》에서 대한 암학회와 순환기학회, 그리고 당뇨학회가 공동으로 추천한 한국의 명의 30인이 만든 '건강하게 오래 사는 방법'을 공개했는데, 과연 현대의학이 제시하는 건강 장수법은 어떤 것인지 그 건강 메시지 몇 가지를 요약해서 소개합니다.

① 살을 빼라

비만환자들에게는 항상 질병이 따라 다닙니다. 비만은 과식과 영양과잉, 그리고 서양식 식습관 등의 영향으로 생기는 것인데, 이로 인해 생기는 당뇨병, 고혈압, 지방간, 동맥경화, 뇌졸중, 호흡장애, 퇴행성관절염, 심혈관 질환 등 여러 가지 질병이 우리들의 생명을 위협하고 있습니다.

이것을 해결하는 길은 비만의 원인을 제거하는 일, 곧 살을 빼는 길밖에 없습니다.

② 꾸준히 운동하라

우리나라 인구의 약 11%가 만성질환으로 고통 받고 있는 것으로 밝혀졌는데, 그 원인은 운동부족과 스트레스 증가, 그리고 비만을 꼽습니다. 만성질환을 해결하고 건강을 지키려면 운동을 꾸준히 계속해야 합니다.

③ 술을 자제하라

술은 일종의 독성물질이기 때문에 식도와 위, 또 간에 직접 자극을 주어 알코올중독, 위염, 간경변증, 식도암, 위암, 간암 등과 같은 질환에 걸리게 되므로 음주는 하지 않거나 적당량만을 마셔야 합니다.

④ 금연하라

담배를 많이 오랫동안 피울수록 고혈압, 당뇨 등 만성질환에 걸릴 확률이 높을 뿐만 아니라, 각종 암과 폐질환의 원인이 되며 노화를 촉진시켜 주름이 많아집니다. 그래서 담배는 반드시 끊어야 합니다.

⑤ 올바른 식습관을 가져라

장수한 사람들의 공통된 비결은 바로 거친 음식을 먹는 데에 있습니다. 모든 음식은 껍질째 먹는 것이 좋으므로, 현미잡곡밥과 껍질째 먹는 거친 음식을 먹는 것을 생활화해야 합니다.

⑥ 충분한 수면을 취하라

과로는 만병의 근원입니다. 충분한 휴식과 수면으로 생체리듬을 건강하게 유지하는 것이 중요합니다.

⑦ 건강한 마음을 가져라

마음을 건강하게 다스리는 것도 중요합니다. 결국 스트레스를 잘 다스리라는 것인데, 스트레스는 면역계의 저항력을 떨어뜨려 여러 가지 질병에 쉽게 걸리게 하는 주범입니다.

한국적 장수 비결의 특징

백세인百歲人 연구의 세계적 권위자인 미국 조지아 대학 노년과학 연구센터 소장인 레오나드 푼Leonard W. Poon 박사는 세계 백세인의 생활을 다큐멘터리로 만들기 위해 2009년 여름 한국의 장수촌인 순창을 방문했습니다.

그는 이 분야를 공동연구 중인 국제 백세인 연구단장인 서울대 노화고령사회 연구소장인 박상철 교수 일행과 함께 순창의 장수촌을 돌아보고, 다른 지역에서 보지 못한 사례로써 할머니들이 자손들과 함께 높은 삶의 질까지 누리는 모습에 깊은 감명을 받았다며 다음과 같이 한국적 장수비결의 특징을 지적했습니다.

'장수는 특정요인으로 설명하기 어렵지만 순창에서는 채식 위주의 식단과 가족들의 따뜻한 부양이 두드러지게 장수를 뒷받침하고 있다는 사실을 확인할 수 있었다.'

푼 교수는 장수하는 사람들의 유전적·환경적 요인과 영양상태 외에 가족의 부양과 주변 사람들의 유대가 큰 영향을 준다는 것을 한국에서 실증해 주었다며 '따뜻한 가족과의 유대가 오래 살게 하고 삶의 질도 높이는 원천'이라고 말했습니다.

그러면서 한국은 유례없이 빨리 평균수명이 늘고 사회가 고령화되면서, 한편으로는 그만큼 빨리 가족해체가 이루어지기 때문에 이 문제를 어떻게 해결할지 주목의 대상이라고 말했습니다.

제3부

행복하고
보람 있게 사는 길

행복하게
사는 길

왜 행복하지 못한가?

노년이 되면 누구나 어떻게 하면 노후를 아름답고 보람 있게 보낼 수 있을까 하고 많은 생각을 하게 됩니다. 아름답고 보람 있게 살고 싶다는 것은 결국 행복하게 살고 싶다는 것으로 귀결될 수 있을 것입니다.

행복은 모든 사람의 간절한 소망입니다. 누구나 행복하게 살기를 원합니다. 그런데 모든 사람이 나름대로 행복을 열심히 추구하는데도 불구하고, 이 세상에는 행복한 사람보다는 불행한 사람이 더 많은 것은 무슨 까닭일까요?

행복보다는 불행이 더 많은 것이 인생의 불가피한 운명이요, 속성이기 때문인가요? 아니면 그릇된 행복관을 가진 사람이 많기 때문인가요? 그것도 아니면 행복을 추구하는 방법과 지혜가 부족해서 그럴까요.

어느 심리학자가 오랫동안 불행한 사람으로부터 인생 상담을 받아왔는데, 상담하려고 찾아왔던 사람들은 거의 모두가 행복할 수 있는 조건을 갖추고 있는 사람이었음에도 불구하고 모두가 불행하다고 생각하고 있었다는 것입니다.

그러면 행복할 수 있는 사람들이 무엇 때문에 자신을 불행하다고 생각하게 된 것일까요? 그 원인은 지극히 간단합니다. 불행한 이들의 대부분은 그릇된 행복관으로 인해서 자신 안에서 행복을 찾아낼 수 있는 지혜가 부족했기 때문이라는 것입니다. 누구나 한번쯤 나막신 장수 아들과 짚신 장수 아들을 둔 할머니의 이야기를 들은 적이 있을 것입니다.

할머니는 아들 형제를 두었는데 큰아들은 맑은 날에 신는 짚신 장사를 했고 작은아들은 비오는 날 신는 나막신 장사를 했습니다. 그래서 할머니는 비가 오면 큰아들의 짚신이 안 팔릴까 걱정했고, 날씨가 좋으면 작은아들의 나막신 장사를 걱정했습니다. 얼굴에 주름살이 펴질 날이 없었던 할머니의 딱한 사정을 전해 들은 이웃집 지혜로운 할아버지가 어느 날 물었습니다.

"할머니는 어찌하여 날마다 오만상을 찌푸리고 계시오?"

"생각해 보세요. 비가 오면 큰아들의 장사가 안 되어 걱정이고 날이 개면 작은아들의 장사가 걱정이니 어떻게 주름살이 펴질 날이 있겠어요?"

이웃 할아버지는 그 말을 듣고 웃으며 말했습니다.

"할머니, 왜 그렇게만 생각하세요. 날이 개면 짚신 장수 큰아들의 장사가 잘 되어서 좋고, 비가 오면 작은아들의 나막신이 잘 팔려서 좋은데, 할머니는 어째서 좋은 생각은 하지 않고 나쁜 생각만 해서 언제나 걱정하며 사신단 말이오? 할머니는 그 마음만 바꾼다면 언제든지 걱정 없이 행복하게 사실 수 있을 텐데 말이오."

그렇습니다. 참으로 지혜로운 충고입니다. 마음 하나만 고쳐먹으면 불행을 얼마든지 행복으로 바꿀 수 있다는 것을 일깨우는 이야기입니다. 이 이야기가 상징적이기는 하지만 세상의 모든 것은 마음먹기에 따라서 행·불행이 엇갈린다는 것을 말해주고 있습니다. 마음먹기에 따라 세상이 달라진다는 것을 깨닫게 될 때, 인생은 비로소 행복의 문 앞에 들어서게 되는 것입니다.

행복은 어디에서 찾아야 하는가?

행복은 먼 곳에 있는 것이 아니라 가까운 곳에 있습니다. 일찍이 맹자는 '길은 가까운 데에 있다.'고 말했습니다. 행복은 실로 가까운 곳에 있습니다. 그러나 사람들은 행복을 가까운 곳에서 찾지 않고 먼 곳에서 찾으려 합니다. 그래서 행복을 붙잡지 못하는 것입니다.

벨기에 희곡작가 모리스 메테르링크Maurice Maeterlinck의 명작 《파랑새》라는 소설은 행복에 대하여 의미 있는 교훈과 지혜를 줍니다.

크리스마스 밤, 가난한 나무꾼의 두 남매가 꿈속에서 행복의 상징인 파랑새를 찾아 여행길을 떠납니다. 미래의 나라로 가보고 회상의 나라에도 가보고, 여러 곳을 찾아다녔지만 파랑새는 어느 곳에서도 발견할 수가 없었습니다. 실망해서 집으로 돌아온 그들은 뜻밖에도 자기 집 새장에서 파랑새를 발견합니다.

행복은 먼 곳에 있는 것이 아니라 자기 집에 있다는 것이요, 자기 마음속에서 찾아야 한다는 것이 작가가 우리에게 말하고자 하는 결론입니다.

우리는 행복을 먼 곳에서 찾지 말고 가까운 곳에서 찾아야 합니다. 높고 먼 곳에서 찾지 말고 나의 생활 속에서 찾아야 합니다. 밖이 아니라 내 마음속에서 찾아야 합니다.

행복은 우리 주변에 항상 있으며 그 행복을 발견하고 즐기느냐, 지나쳐버리고 괴롭게 사느냐는 오직 당신이 선택할 몫입니다.

어떻게 하면 행복해질 수 있을까?

어떻게 하면 행복하게 살 수 있을까? 모든 사람이 던지는 가장 중요한 인생의 물음입니다. 사람들은 모두가 행복을 창조하기 위해 저마다 바쁘게 움직이고 있습니다. 그러나 무엇이 과연 행복이냐, 또 어떻게 하면 행복해질 수 있느냐 하고 물으면 그 대답은 각양각색입니다. 그럴 수밖에 없는 것이, 행복은 지극히 상대적이기 때문입니다. 똑같은 상황을 놓고도 어떤 사람은 행복으로 알고 다른 사람은 그것을 불행으로 여기는 일이 얼마든지 있습니다. 그렇기 때문에 행복을 추구하는 방법도 각각 다를 수밖에 없습니다.

공자는 인간이 행복해지려면 지혜·인자·용기의 삼덕을 겸비해야 한다고 했고, 맹자는 호연지기를 가져야 행복해질 수 있다고 했습니다. 예수는 사랑으로 충만할 때 사는 것이 기쁘고 행복하다고 했으며, 석가는 지혜·자비·보시의 공덕을 쌓아야 행복해질 수 있다고 했습니다. 칸트는 자기를 도덕적으로 완성하고 남을 행복하게 할 때 행복에 이른다고 했으며, 러셀은 행복은 물질을 많이 소유하는 데 있는 것이 아니라, 높은 정신적 가치를 창조하는 데 있다고 했습니다.

역사상 유명한 분들의 행복론에서 보는 바와 같이 저마다 다른 행복관을 가지고 있기 때문에 행복하려면 이렇게 살아야 한다고 단정적으로 말하기는 곤란할 것입니다. 모두가 훌륭한 행복론이고, 또 실제로 그렇게 살아서 행복을 느끼며 살아가고 있기 때문입니다.

미국 컬럼비아 대학의 프리드먼 교수는 미국인 10만 명에게 같은 질문을 던져보았습니다. 그가 얻은 결론은 인간이 행복하게 살려면 다음의 세 가지 요소가 가장 중요하다고 했습니다.

첫째는 낙천적 인생관이요, 둘째는 사랑이 있어야 하고, 셋째는 보람 있는 일을 하는 것입니다.

이외에도 행복의 요소는 많습니다. 건강, 돈, 명예, 성공 등등 여러 가지 요소가 있지만 행복의 결정적 요소는 앞에 지적한 세 가지 요소로 집약될 수 있다는 것입니다.

1937년 미국 하버드 대학에서는 특별히 똑똑하고 야심차며 적응력이 뛰어난 학생 268명을 뽑아 '잘 사는 삶에 일정한 공식이 있을까?' 하는 기본적인 의문에서 연구를 시작했습니다.

　　이 연구에는 하버드 대학의 생리학 · 의학 · 인류학 · 심리학 분야의 최고 두뇌가 동원되어 장장 72년 동안 대상자 개인과의 정기적인 인터뷰와 설문을 통해 신체적 · 정신적 건강을 체크했습니다. 아마도 특정 개인의 일생을 꿰뚫는 이 종적 연구는 이것이 효시이자 최장의 연구일 것입니다.

　　그 연구 결과가 2009년에 발표되었는데 한마디로 결론을 말한다면 '노후 행복의 열쇠는 인간관계였다.'고 합니다. 즉 성공적인 노후를 이끄는 열쇠는 지성이나 계급이 아니라, 사회적 적성, 즉 인간관계였다는 것입니다.

　　또 오랫동안 수많은 인생상담을 통해서 '행복하게 되는 법'을 찾아낸 노만 필Norman V. Peale 박사는 자신의 저서《적극적 사고방식》에서 '행복으로의 길'을 다음과 같이 제시하고 있습니다.

'당신의 마음을 증오에서, 그리고 당신의 머리를 고민에서 해방시켜라. 간소하게 생활하라. 즉 적게 기대하고 많이 베풀어라. 나를 잊고 남을 생각하라.'

뭐 특별한 것이 아니지 않느냐고 말할지 모르겠습니다. 그러나 필 박사는 이를 일상에 습관화한다면 이제까지 사용한 방법 중에서 행복을 얻을 수 있는 가장 놀랍고 확실한 방법이라는 사실을 발견할 것이라고 힘주어 말하고 있습니다.

이렇듯 여러 사람들의 행복론은 각양각색이지만, 이것들에서 공통되는 점은 러셀이 지적한 대로, 행복은 물질의 소유에 있는 것이 아니라, 높은 정신적 가치에 있다는 것을 알 수 있습니다.
물질을 많이 소유하면 행복할 것 같지만, 소유하면 할수록 더 많이 소유하고 싶은 욕심 때문에 만족할 줄을 몰라 행복에 이르지 못하는 것이 사실입니다. 우리는 높은 정신적 가치에서 행복을 찾아야 합니다.

감사하는 마음, 그것은 행복의 원천이다

감사하는 마음가짐으로 살아가는 사람들은 세상의 모든 것을 밝게 보려고 하고 자기의 분수를 지키고 만족할 줄 압니다. 그래서 그들은 세상일을 긍정적으로 받아들이고 낙천적으로 살아갑니다.

가령 잔뜩 찌푸린 날에는 날씨 탓을 하며 불평할 것이 아니라 '오래간만에 우산을 쓰는 것도 기분 좋은 일이구만.'하고 생각합니다. 또 감기에 걸렸을 때도 '며칠 동안 쉬지 않고 일했더니 몸이 먼저 알고 휴식을 취하라는군, 고마운 일이야.' 하고 생각합니다. 이렇듯 세상의 모든 것을 밝게 바라보고 좋은 쪽으로 받아들이려고 하니 마음은 언제나 태평하고 행복하기만 합니다.

우리 삶에는 즐거운 일보다는 괴로운 일이 더 많고 잘 되는 일보다는 잘 안 되는 일이 더 많습니다. 번뇌의 인생이요, 고통의 삶입니다. 이러한 삶에 대해서 불평과 원망만 갖는다면, 인생은 잠시도 마음 편한 날이 없고 행복한 날이 없을 것입니다.

그럼 행복한 사람은 어떤 사람일까요? 모든 일에 감

사하고 항상 기뻐하며 자기의 분수에 만족할 줄 아는 사람이 진정으로 행복한 사람이라고 생각합니다.

어느 날 교통사고가 일어났습니다. 사고 현장에는 수많은 사람들이 모여들었고 여기저기 신음소리가 들리고 아우성치는 소리로 법석을 떨었습니다. 부상을 당한 사람이 있는가 하면 죽은 사람들도 있었습니다.

이 아수라장 속에서 중상을 입은 아들을 붙들고 '오, 하나님 감사합니다. 정말 감사합니다.'하며 기도하는 여인이 있었습니다. 모두가 울고불고 야단들인데 유독 기뻐하는 여인이 있어 그에게 다가가서 물었습니다.

"아주머니, 보아하니 아드님이 중상을 입은 것 같은데, 무엇이 그리 좋아서 그리 감사하다는 말씀을 하시는 겁니까?"

"왜 아니 감사하겠습니까? 남들은 죽은 사람도 있는데 내 아들은 다리 한 쪽밖에는 상한 것이 없지 않습니까. 그러니 감사할 수밖에요."

이런 상황에서 불평하고 원망한다고 죽은 사람이 다시 살아올 것도 아닌 바에야 차라리 마음 편하게 생각하는 것이 슬기로운 사람이 아니겠습니까?

행복이란 밖으로부터 주어지는 조건이나 대상물로 좌우되는 것이 아니라, 자기의 마음가짐 여하에 따라서 결정된다는 사실을 깊이 인식하여야 합니다. 결국 인간의 행·불행은 마음먹기에 달린 것입니다.

우리는 언제나 고마워하는 마음을 가져야 합니다. 감사하는 법을 배워야 합니다. 감사할 줄 아는 사람이 되어야 합니다. 우리는 많은 사람의 도움과 은혜 속에서 살아갑니다. 그런데도 어떤 사람은 감사할 것이 아무것도 없다고 불평하기도 합니다. 조금만 더 깊이 생각해보면 인생살이에 감사할 것이 너무 많습니다. 우리는 그것을 찾아야 합니다. 감사하는 마음은 곧 행복의 문을 열어주는 열쇠이기 때문입니다.

당신에게는 머리를 누일 집이 있습니다. 허기를 채울 밥이 있습니다. 사랑스런 자녀가 있고 언제나 대화를 나눌 수 있는 정다운 친구가 있습니다. 그러면 당신은 많은 것을 가진 것입니다. 이런 모든 것을 갖추고 있는 당신은 그조차 갖추지 못하고 살아가는 사람과 비교

한다면 감사할 것이 너무나 많은 행복한 사람입니다.

나는 병원에서 고통 받고 있는 환자를 볼 때마다 나의 건강에 대해 감사하고, 앞을 못 보는 장님을 보게 되면 성한 눈을 가진 것에 감사할 따름입니다. 자녀가 없어서 쓸쓸하게 지내는 노인을 보면 나에게 사랑스런 아들딸이 있다는 것에 늘 감사하고 있습니다.

그뿐만이 아닙니다. 우리는 이 세상에 태어나 많은 사람들이 베푸는 은혜와 신세 속에 살아갑니다. 우리는 남의 도움 없이 전적으로 혼자의 힘으로 살아갈 수가 없습니다. 범사에도 감사해야 할 이유가 바로 여기에 있는 것입니다.

독일의 문호 괴테 '가장 쓸모없는 인간은 감사할 줄모르는 인간'이라고 했고, 인도의 시인 타고르는 '감사의 분량이 곧 행복의 분량'이라고 봤습니다. 감사의 눈으로 인생을 바라보세요. 인생은 그리 괴롭기만 한 것도 아니요, 불행하기만 한 것도 아닙니다. 감사하는 마음가짐으로 살아간다면 인생은 언제나 행복한 것이요, 살 재미와 보람이 있는 것입니다.

나는 '범사에 감사하라.'는 성경 말씀을 들으면 언제나 머리에 떠오르는 명화 하나가 있습니다. 황혼에 붉게 물든 저녁 들녘에서 일손을 멈추고 조용히 기도하는 모습이 담긴 그 유명한 밀레의 '만종'이 그것입니다.

밀레는 주로 농촌풍경과 일하는 농부만을 즐겨 그렸지만, 그의 모든 작품 속에는 언제나 경건함이 스며있어 보는 이로 하여금 신앙적인 분위기에 매료되게 합니다. '만종'에 묘사된 정경 또한 그렇습니다.

"해가 지평선 저쪽으로 사라졌다. 그 위를 낙조가 붉게 수놓았는데 끝없이 펼쳐진 들녘 저쪽에 조그마한 예배당 하나가 돋보인다. 저녁을 알리는 교회의 종소리가 은은하게 울려 퍼지고 있는 가운데 종일토록 추수하던 젊은 부부가 일손을 멈추고 조용히 고개를 숙였다. '하나님, 오늘 하루도 건강한 몸으로 일할 수 있도록 도와주신 것을 감사드립니다.'"

이 한 폭의 그림은 밀레가 우리에게 보여주고자 한 '행복의 삶'이란 무엇인지 다시금 생각하게 합니다.

미국의 미술 평론가이며 교육자인 반 다이크John C. Van Dyke는 밀레의 이 그림에 대하여 '사랑과 신앙과 노동을 그린 인생의 성화聖畫'라고 했습니다. 이 그림 속에는 확실히 사랑이 그려져 있고 신앙이 그려져 있으며 노동이 그려져 있습니다. 그러나 나는 경건하게 머리 숙여 기도하는 모습에서 진정한 '감사의 삶'을 발견하게 됩니다. 하루의 노동이 끝나는 보람의 현장에서 하나님께 감사드리는 그 자세야말로 인간의 행위 중에서 가장 아름답고 성스러운 모습일 것입니다.

감사하는 마음! 그것은 행복의 원천입니다. 감사하는 마음을 가질 때, 인생은 사는 것이 기쁘고 즐거워집니다. 우리는 밀레의 '만종'에서 감사하는 삶을 배워야 합니다. 그리고 일생 동안 고마워하는 마음, 감사하는 태도, 보은報恩의 정신을 가지고 인생을 살아나간다면 행복의 여신은 당신을 찾아올 것입니다.

슬기롭게
사는 길

순리대로 살자

건강하게 오래 살기 위해서는 흐르는 물처럼 살아야
한다는 것이 예부터 내려오는 동양의 전통적인 건강관
이요, 장수관입니다. 이것을 한마디로 요약한 글이 상
수여수上壽如水입니다. 가장 으뜸 되는 장수의 길은 흐
르는 물과 같아야 한다는 것입니다.

그래서 노자老子는 인간의 수명이란 물 흐르듯 자연
그대로 흘러가도록 두어야 보전되는 것이지, 오래 살고

자 역류시키고 뿜어 올린다고 해서 장수를 누리는 것은 아니라고 했습니다. 공자孔子도 물가에 앉아 제자인 자공子貢에게 이렇게 가르치고 있습니다.

"알았느냐? 물이란 반드시 낮은 곳으로 흘러간다. 굽거나 틀거나 해도 항상 일정한 도리에 따라 흐른다. 사람의 본성이 물 흐름과 같아야 하듯 사람의 수명도 물 흐름 같아야 보전되는 것이다. 그래서 군자는 물가에 앉아있기를 좋아한다."고 했습니다.

이 같은 가르침은 곧 사람이 오래 살기를 원한다면 흐르는 물처럼 순리대로 살아야 한다는 것을 뜻합니다.

이 '상수여수설上壽如水說'을 현대과학으로 입증한 연구가 많이 나와 있습니다.

캘리포니아 공과대학의 하이킹 박사는 24시간 조명으로 관리를 한 완두콩과 자연 그대로 자라는 완두콩의 성장과정을 비교해 보았습니다.

처음에는 관리를 한 완두콩이 빨리 자랐지만, 중도에 발육을 중지하더니 키도 작고 열매의 크기도 작았습니다. 조명뿐만 아니라 온도를 조절해 길러도 같은 현상이 일어났고 그 열매는 5대째에 가서는 불모화하여 싹을 심어도 돋아나지 않았던 것입니다.

이 같은 사실은 우리 주변에서도 경험으로 확인되고 있습니다. 밤에 전등이 켜있는 가로등 주변에서 자라고 있는 작물은 잎만 무성하지 열매는 잘 열리지 않습니다. 이것은 곧 식물 자체에 자율 조절기능의 생체시계가 있으며, 그 시계대로 살아야지 인위적으로 관리를 받으면 해롭다는 결론에 이르게 합니다.

또 케임브리지 대학의 하커 박사는 바퀴벌레를 가지고 이 생체시계의 기능을 실험했는데, 그것은 한 무리의 바퀴벌레를 밤낮을 바꿔 사육을 하는 실험이었습니다. 이 인공사육의 리듬에 길들여진 바퀴벌레의 신경세포를 자연리듬으로 살아온 바퀴벌레에 이식시켰더니 창자에 100% 암이 발생한 사실이 학계에 보고되었습니다.

사람들의 건강관리도 그것이 생체시계, 곧 그 사람의 바이오리듬을 해치게 되면 반드시 건강에 유익하지 않다는 학계의 연구 보고서도 나와 있습니다.

핀란드의 보건당국이 건강관리의 효과를 알아보기

위해 40세에서 45세까지의 관리직 약 600명을 선택하여 정기 종합검진과 영양조사와 그에 따른 운동량, 담배, 알코올, 설탕, 소금, 육류 등의 섭취를 15년 동안 철저히 관리했습니다. 그리고 관리의 효과를 비교해 보고자 아무런 관리를 받지 않고 제 나름대로 살며 단지 정기적인 건강 조사표에 표시만 하고 살아온 다른 600명의 표본과 비교했더니 놀라운 결과가 나왔습니다. 15년 동안의 조사에서 발병률이나 지병률, 사망률, 자살률에 있어 상대적으로 낮은 곳은 바로 관리를 받은 표본이 아니라 관리를 받지 않은 표본이었다는 것입니다.

이 결과가 말해주는 것은 건강관리가 필요하지 않다는 것이 아니라, 치료상의 과보호나 지나치게 타율적인 건강관리는 오히려 그 사람의 바이오리듬에 차질을 가져와 면역부전을 초래할 수도 있다는 것입니다. 마치 과보호가 아이들을 망치듯이 건강도 마찬가지로 저항력과 면역기능을 다치지 않는 건강관리여야 한다는 교훈이 담긴 결과라 할 것입니다.

이것으로 미루어 보아, 인간의 삶에 있어서도 자연의 순리대로 살아야지, 이를 역행하면 오히려 건강을 해치게 되어 장수하지 못한다는 것을 알 수 있습니다.

그럼 어떻게 사는 것이 장수하는 길일까요?

인생을 사는 원칙은 간단합니다. 모든 일을 순리대로 사는 것입니다. 순리대로 산다는 것은 사리에 맞게 사는 것입니다. 도리를 알고 도리를 존중하며 도리를 따라 살아가는 것이 순리대로 살아가는 길이요, 장수하는 길입니다.

선현들은 세상 살아가는 도리를 자연에서 찾았습니다. 상수여수上壽如水의 가르침도 세상 살아가는 도리를 물에서 배워 장수하는 길을 찾으라는 것입니다.

그렇다면 물에서 어떤 도리를 배워야 할까요?

첫째, 물은 모든 환경에 적응을 잘합니다.

물은 둥근 그릇에 담으면 둥근 모양을 하게 되고 모난 그릇에 담으면 모난 모양을 하게 됩니다. 곧 상대방에게 거스르지 않고 오히려 상대방에 맞춰가며 내 모습을 바꿔 나가는 유연함이 있습니다. 산다는 것은 변화하고 적응하는 것입니다. 우리는 물의 적응력을 배워야합니다. 모든 것에 적응을 잘하는 사람이 장수할 수 있습니다.

둘째, 물은 천하의 만물을 이롭게 합니다.

물은 생명의 근원으로 생명 있는 만물이 생을 이어나갈 수 있도록 무한정으로 대가 없이 베풀어 줍니다. 우리는 물처럼 남에게 이롭게 하는 것을 배워야 합니다. 남을 이롭게 할 때, 사는 가치가 있고 기쁨이 있고 행복이 있습니다.

셋째, 물은 남과 다투거나 싸우지 않습니다.

물은 절대로 남과 다투지 않습니다. 물은 앞을 가로막는 장애물이 있으면 돌아가고 때로는 땅에 스미며, 또 때로는 높은 둑이 있으면 조용히 넘쳐 흘러갑니다. 우리는 장애를 극복하면서 조용히 흘러가는 물의 유연성을 배워야 합니다. 그것이 세상 살아가는 지혜요, 장수의 길입니다.

넷째, 물은 언제나 낮은 데로 흘러갑니다.

인간은 자꾸 높은 데로 올라가려고 애쓰지만 물은 자꾸 낮은 데로 흘러갑니다. 낮은 데서 높은 데로 올라가는 물은 없습니다. 우리는 스스로를 낮추는 겸손의 덕을 물에서 배워야 합니다. 겸손한 사람은 누구에게나 호감을 갖게 해주고 어디서나 환영과 존경을 받습니다. 이런 사람이 되었을 때, 사는 보람이 있고 행복한 삶을 살 수 있어 장수를 누릴 수 있습니다.

우리는 물에서 세상 사는 지혜를 배우고 물처럼 살아야 합니다. 그것이 건강하게 오래 살 수 있는 장수의 길입니다.

우아하고 품위 있게 살자

누구나 어떻게 하면 여생을 건강하고, 우아하고, 품위 있게 보낼 수 있을까 하고 생각해 보게 됩니다. 여기 그런 삶을 위해 열심히 살아가는 사람들의 이야기가 있습니다.

《은퇴 없는 삶을 위한 전략》에 소개된 '생기발랄한 사람들'이라는 장수자 그룹의 사람들이 살아가는 모습은 우아하고 품위 있게 여생을 보내기를 바라는 사람들에게 시사해주는 바가 많습니다.

임상 심리학자인 스탠리 제이콥슨은 인생을 충만하

게 살기로 결심한 60대 중반에서 90대에 가까운 남녀 수십 명으로 구성된 '생기발랄한 사람들'을 대상으로 수 년 동안 관찰하며 노화에 대해 연구했습니다.

그 과정에서 특별한 비법은 없었지만 우아하게 늙어 가는 이들에게서 몇 가지 특징을 발견할 수 있었다고 합니다. 그 특징을 살펴보면 다음과 같습니다.

① 그들은 기본적으로 낙천적인 삶을 추구하는 사람들이었습니다. 세상과 인생을 가치 있는 것으로 보는 희망적 인생관을 가지고 있기 때문에, 인생이나 어떤 사태에 대하여 걱정하지 아니하고 낙관하며 살아갑니다. 모든 사람과의 만남을 즐기고 새로운 경험을 만끽하며, 무한한 풍요로움이 있는 미래를 향해 주어진 하루하루를 충실하게 살려고 노력합니다.

② 그들은 모든 일에 기꺼이 적응하려고 애씁니다. 어떠한 상황에서도 변화에 적응하려고 애쓰며 순리대로 살아가려고 합니다. 그때그때에 처한 형편에 맞추어 일을 처리하려고 합니다. 결코 무리해서 일을 하지 않으며 극복할 수 없을 때에는 한계를 받아들이고 깨끗이

단념합니다.

③ 그들은 자신의 문제를 해결하려는 적극적인 자세를 가지고 있습니다. 건강, 주거, 경제, 은퇴와 관련하여 직면한 문제에 대한 해결책을 적극적으로 추구합니다.

④ 그들은 불행에서 재기하는 능력이 뛰어납니다. 어떤 일에도 집착하지 않으며 빨리 단념하고 새로운 일에 도전함으로써 불행에서 빨리 회복하려고 노력합니다.

⑤ 그들은 의미 있는 프로젝트에 적극 참여하여 바람직한 인간관계를 이루려고 노력합니다. 이를 통해 생기발랄한 삶이 되도록 노력하는 동시에 서로 협력하며 자기 일을 열심히 합니다.

⑥ 그들은 건전한 자존심을 가지고 떳떳한 삶을 영위해 나갑니다. 세상 사람들의 호기심과는 상관없이 자신이 삶의 주체가 되어 열심히 여생을 즐기며 살아갑니다.

이러한 특성을 가지고 있으면 100세까지 살 가능성이 높아질 뿐만 아니라, 건강하고 우아하게 여생을 보낼 수 있는 바탕이 될 것입니다.

우리도 생기발랄한 사람들의 삶의 자세를 타산지석으로 삼아 노년을 우아하고 품위 있게 보내도록 힘써야겠습니다.

오늘을 최후의 날로 생각하며 살자

유대인의 최고 경전인 《탈무드》에 '매일, 오늘이 네 최후의 날이라고 생각하라. 매일, 오늘이 네 최초의 날이라고 생각하라.'는 명언이 나옵니다.

'최후의 날'이라고 하니 '죽음'을 연상케 되어 기분 나쁘게 생각될지 모르지만, 세상에 태어난 이상 누구나 한 사람도 빠짐없이 반드시 '마지막 날'을 맞이하게 되는 것은 인간의 피할 수 없는 운명입니다. 지난 겨울 경북에서 일어난 버스 추락 사고로 수십 명의 노인들이 떼죽음을 당한 참사나, 최근에 일어난 고속도로에서의 빙판 교통사고로 어이없이 죽어간 사람들을 보면서, 죽음이 결코 남의 일이 아니고 누구에게나 일어날 수 있는 일이라는 것을 실감하게 됩니다.

온천에 간다고 좋아했던 노인들이 그렇게 허무하게 생을 마감할 줄 누가 알았으며, 갑자기 불어 닥친 폭설로 인해 수십 대의 차량이 추돌하는 교통사고로 젊은이들이 비명횡사할 줄 누가 짐작이나 했겠습니까.

하루 앞, 한 시간 앞을 내다 볼 수 없는 것이 우리네 인간들입니다. 미래는 완전한 미지의 영역으로 내일 나는 어떻게 될지 아무도 모릅니다. 앞으로 나에게 주어진 여생이 얼마나 남아 있는지, 언제 나의 생이 종지부를 찍게 될지 전혀 알 길이 없습니다.

그러나 분명한 것은 언젠가는 죽음의 신이 홀연히 나타나 내 인생의 문을 두드릴 것입니다.

지금까지 우리 사회에서는 '죽음'을 말하거나 '죽음을 준비하는 일'은 거의 금기시되었지만 예고 없이 찾아오는 죽음 앞에 허둥대는 것보다는 아직 인생의 여유가 있을 때, 스스로를 돌이켜 보면서 하루하루를 살아간다면 뜻있는 인생으로 마감할 수도 있을 것입니다.

그런 의미에서 '매일을 네 인생의 마지막처럼 살라.'는 유대인의 가르침은 우리에게 많은 것을 생각하도록 만들고 있습니다.

최근에 《나에게 남겨진 생이 3일밖에 없다면》이라는 책을 읽었습니다. 이 책은 '당신은 죽음 앞에 무엇을 할 것인가?'를 묻고 있었습니다. 그러면서 죽음은 예고 없이 찾아오는 것이니 죽음이 바로 우리 곁에 있음을 인정하고 하루하루를 마치 인생의 마지막 날처럼 최선을 다하며 살자는 취지로 엮은 책이었습니다.

만일 죽음이 나이 순서대로 찾아온다면 우리는 나름 대로 죽음을 준비할 시간을 가질 수 있을 것이지만, 죽음을 언제 어디서 어떻게 맞이하게 될지 모르는 일이므로, 차라리 죽음 자체를 인정하고 살아간다면 좀 더 효율적이고 보람 있는 삶을 영위할 수 있을 것입니다.

이제 숙연한 마음가짐으로 자신의 지난날을 되돌아보고 여생이 얼마 남지 않았다는 심정으로 어떻게 살 것인가를 생각하며 산다면, 하루하루의 삶은 진지하고 성실한 삶이 될 수밖에 없을 것입니다.

노년을 의미 있게 살기 위해서 우리는 오늘을 내 인생의 최초의 날이라고 생각하고, 또 최후의 날이라고 생각하면서 성실하게 살아야 할 것입니다.

삶의 패러다임을 바꿔보자

프랑스의 철학자 피에르 상소Pierre Sansot는 빠름을 버리고 느리게 사는 것의 의미를 깨달으라며, 삶의 패러다임을 바꿔보라고 역설합니다.

그는 '현대 사회는 우리들에게 더 빨리 보고, 더 빨리 배우고, 더 빨리 행동에 옮겨서, 더 빨리 목표를 쟁취하라고 다그친다고 보았습니다. 그런데 문제는 빠르게 달려가면 갈수록 우리의 삶이 여유로워지기는커녕, 더 빨리 달리라고 채찍질 당한다고 말하며 그런 악순환에 빠지면 삶은 각박해지고 일상은 죽지 못해 사는 비참한 상태에 빠진다.'고 경고하면서, 삶을 즐기기 위해서는 '속도를 줄이라.'고 말합니다.

그는 '삶이 즐기기 위한 것이 아니라면 우리는 무엇을 위해 사는가?'하고 되묻습니다. 그리고 삶을 즐기려면 느려져야 한다고 강조하며 느림을 나태와 구분하여 이렇게 설명합니다.

"나태는 아무것도 하지 않고 방치하는 게으른 상태

인 반면, 느림은 삶의 매 순간을 구석구석 느끼기 위해 속도를 늦추는 적극적 선택이다. 그것은 자동차를 타고 달리다가 멋진 풍경을 발견하면 차에서 내려 천천히 걸으며 감상하는 것, 또는 풍요롭게 살기 위해 서재에 들어가 책을 읽는 것과 같다. 또 여행의 동반자와 즐거운 대화를 나누며 가다가 길이 막히면, 초조해하거나 화를 낼 것이 아니라 차라리 잘 됐다며 차에서 내려 주변 경치도 둘러보는 여유를 가진 사람이라면 어떨까? 이처럼 느림의 가치를 받아들인 사람들은 같은 상황에서도 전혀 다른 인생을 살게 된다."

어떻습니까? 상소가 말하는 느림의 삶이! 젊었을 때는 몰라도 황혼에 접어든 늙은이라면 상소처럼 한번쯤 인생을 관조하며 살아보면 어떨까요?

물질과 효율, 경쟁과 속도로 규정되는 세상에서 뼈빠지게 일하다가 뒤통수를 얻어맞은 IMF구제금융의 여진 속에서 모든 삶의 가치와 미덕이 뒤집히고 파헤쳐진 이 땅의 피곤한 영혼들에게 피에르 상소의 느림의 철학은 뜻있는 사람들에게 깊은 감명으로 다가왔습니다.

그는 우리에게 강력한 목표의식을 버리라고 요구하고 있으며, 뛰는 대신 걸어가라고 타이르며, 카페인이 든 커피를 마시고 깨어있기보다는 알코올이 든 포도주를 마시고 긴장을 풀어버리라고 했습니다.

그는 '현대 사회는 느림이라는 처방이 필요한 환자'라고 진단하면서, 우리가 사는 사회는 빠름을 찬양하고 있지만 개인은 느림을 추구함으로써 질적으로 높은 수준의 삶에 도달할 수 있다고 강조했습니다. 즉 시간과 상황에 끌려가는 삶이 아니라 시간과 상황을 내가 이끌며 보람 있게 소화해 나가는 삶을 가리킵니다.

느림은 나만의 리듬에 따라 내 삶의 주인으로 사는 것이며, 그렇게 살려면 일로 인한 스트레스도 슬기롭게 극복할 수 있어야 합니다. 이를 위해서는 자기가 처리할 수 있는 일은 열심히 하고, 능력 밖의 일은 빨리 포기해 버리는 것이 비결이라고 했습니다.

상소 교수가 느림의 실천 덕목으로 권하는 것은 걷기와 사색입니다. 그는 아침마다 부인과 함께 산책에 나서고 한밤중이면 가로등 불빛을 받으며 자택 창가에 우두커니 기대서서 사색에 빠지기도 합니다. 참으로 여유로운 삶이 아닐 수 없습니다.

그는 걷기 예찬자로 지중해의 온화한 겨울비가 내리면 모든 것을 제쳐놓고 우산을 들고 툴롱 항으로 나서며 '그냥 지나쳐버리기엔 너무나 아름다운 세상이 아닌가!'하며 바닷가를 천천히 걸으며 사색에 잠기곤 했습니다. 이 얼마나 낭만적이며 자유분방한 삶입니까!

표 5. 상소 교수가 권하는 9가지 느림의 실천법

- 한가로이 거닐 것.
- 말하기보다는 남의 말을 들을 것.
- 권태 속에서 느긋함을 느껴볼 것.
- 즐거운 몽상에 빠져볼 것.
- 어떤 가능성도 배제하지 않는 열린 자세로 결과를 기다릴 것.
- 고향의 아름다운 추억을 간직하거나 추억이 새겨진 나만의 장소를 만들 것.
- 글을 쓸 것.
- 남을 비판하거나 질투하며 무리한 요구를 하지 말 것.
- 가벼운 술 한 잔의 여유를 즐길 것.

※《느리게 산다는 것의 의미》중에서

우리도 느림의 실천법을 생각하며 느긋한 마음으로 유유자적한 자세로 살아가면 어떨까요?

　이제 황혼길에 들어선 우리 늙은이들은 지금까지 더 많이 벌기 위한 노력 때문에 더 바쁘고 쪼들렸던 지난날의 삶에서 벗어나기 위해 삶의 패러다임을 바꿔봅시다.

　그러면 조금은 더 느리게 살 수 있고, 조금은 더 여유로워져서 한결 홀가분하고 부담이 없는 편안한 여생을 보낼 수 있을 것입니다.

보람 있게
사는 길

노후의 여가, 인생의 마지막 선물

노후의 여가를 모처럼 우리들에게 주어진 마지막 선물로 생각하고 유용하게 활용해야 합니다. 흔히 생각하기를, 정년 후의 여가시간은 많지 않을 것이라고 여기고 있습니다만, 8만 시간이라는 엄청난 여가시간이 남아 있다고 하면 모두 깜짝 놀랄 것입니다.

《정년 후, 더 뜨겁게 살아라》라는 책을 쓴 가토 히토시는 엄청난 여가시간을 발굴해냈습니다.

스무 살부터 일해서 예순에 정년을 맞는다고 하면, 그때까지의 연간 노동시간을 약 2천 시간이라고 했을 때, 40년을 곱하면 8만 시간이 됩니다. 이 8만 시간 동안 일한 것에 대한 보수로 우리는 집을 사고 아이를 키우며 살아올 수 있었습니다.

그러면 정년 후의 여가시간은 얼마나 될까요? 수면이나 식사, 쉬는 시간을 다 빼고도 하루평균 11시간이 남는데, 여든 살까지 산다고 가정하면 11시간×365일×20년=8만 300시간이 됩니다.

이 정년 후의 여가시간은 직장에서 일했던 시간과 거의 맞먹는 시간입니다. 이 8만이라는 소중한 시간을 목표나 계획도 없이 무의미하게 보낼 수는 없는 것 아닙니까! 우리는 이 여가시간을 어떻게 활용할 것인가에 대해 고민해야 합니다. 그리고 '8만 시간'은 우리 모두의 인생을 숙성시켜 주는 시간으로 활용되어야 합니다.

우리는 노후의 여가 활용을 과소평가해서는 안 됩니다. 인생에서 다른 사람을 위한 활동도 중요하지만, 자기 자신을 위한 활동이 무엇보다 중요합니다. 오랫동안 가족을 위한 직장생활을 했다면 은퇴한 후에는 자신에게 도움이 되는 활동을 한다고 아무도 나무랄 사람은 없습니다.

'매인 데 없고 시간은 많은 것'이 정년퇴임 후의 삶입니다. 그동안 직장에 얽매여 하고 싶었지만 할 수 없었던 일거리를 찾아 그 일에 몰두한다면 뭔가 이루어질 수 있지 않겠습니까. 용기를 내어 새로운 일거리에 도전해 보시기를 바랍니다. 아마도 그간 축적해 놓은 노하우와 자기의 숨은 재주를 잘 활용한다면 퇴임 전보다 더 보람 있고 값진 삶을 살 수 있을 것입니다.

내가 아는 친구 중에, 오래 전부터 취미로 분재를 가꾸어온 사람이 있는데, 정년이 될 때까지 500여 점을 확보하게 되자 정년 후에는 아예 분재원을 개설하여 여가를 즐기며 수입원을 만들어 여유 있는 노후생활을 하고 있습니다. 어떤 친구는 정년 후 평소 취미로 해오던 서예에 몰두하여 한국서예대전에서 우수상을 수상하더니 지금은 그 능력을 인정받아 심사위원으로 추대되어 서예대가로 활동하고 있습니다. 또 어떤 친구는 정년퇴임을 하자 곧바로 대학원에 진학하여 배우고 싶었던 사회복지학을 전공하더니 지금은 복지시설의 원장으로 노년을 보람 있게 살고 있습니다. 이처럼 많은 사람들이 자기의 전문지식이나 노하우를 살려 노년을 빛내며 삶을 영위하고 있습니다.

① 경제활동

정년 후 무엇이든 해야겠다고 생각은 하지만, 막상 할 만한 일거리를 찾지 못해 고민하는 사람이 의외로 많습니다. 솔직히 오늘의 노인 세대는 가난 속에서 살아가는 것만도 벅차서 자기가 하고 싶은 일에 눈 돌릴 여유 없이 살아왔기 때문에, 정년 후 무엇을 해보아야겠다는 생각조차도 못한 채 지내왔던 게 사실입니다.

이제 뒤늦게라도 내가 하고 싶은 일을 찾아 나서야 합니다. 무엇보다도 자기의 적성에 맞는 일거리를 찾아야 합니다. 그래야 하는 일이 즐겁고 열심히 일하게 될 뿐만 아니라, 성과도 상당한 수준까지 올릴 수 있고 보람도 생깁니다.

그리고 이왕이면 생활에 보탬이 될 수 있는 일거리를 찾아야 합니다. 노년에도 경제적 여유가 있어야 품위를 유지할 수 있고 활기차게 여생을 즐길 수 있기 때문입니다.

혹 마땅한 일거리가 생각나지 않는다면 다음에서 힌트를 찾아보면 어떨까요?

- 어릴 때 무척 동경했던 일.
- 부모의 반대에 부딪혀 할 수가 없었던 일.
- 여건이 허락하지 않아 포기했던 일.
- 평소 흥미와 관심이 있었던 일.
- 자기가 남보다 잘할 수 있는 일.
- 새롭게 배우는 과정에서 빨리 배우게 되는 일.

이제 하고 싶은 일을 찾아냈다면 그 한 가지 일에 승부를 걸어야 합니다. 한 가지 일에 전력투구한다면 그간 축적해 놓은 노하우를 잘 활용하여 퇴임 전보다 더 값진 삶을 이루어 나갈 수 있을 것입니다.

내가 하고 싶은 일이 나의 적성과 일치하고, 그 일이 자기의 꿈과 일치한다면 그 사람은 더할 나위 없이 가장 행복한 사람이며, 바로 거기에 내가 안주할 수 있는 일자리가 있다고 보아야 할 것입니다.

② 취미활동

취미생활로 배우며 즐길 수 있는 활동에는 미술, 서예, 음악, 공예, 요리, 사진, 문학, 체육, 조각, 분재 · 정원 가꾸기, 여행, 문화재 탐방 등 다양한 분야가 있습니다.

요즘 백화점이나 구청 등에 부설되어 있는 문화센터에 가보면 노인을 대상으로 다양한 취미생활을 위한 프로그램을 개발, 운영하고 있습니다. 이런 프로그램 가운데서 자기의 적성과 취향에 맞는 강좌를 선택하여 재미를 붙이게 되면 즐거운 소일거리가 되어 노후를 보람있고 알차게 보낼 수 있습니다.

노후의 일거리는 가능하면 취미도 살리고 부수입도 생길 수 있는 일거리를 찾으면 더욱 좋습니다.

《정년, 어떻게 맞이할 것인가》의 저자 스즈키 켄지는 '혼자서 할 수 있는 취미를 가지라.'고 권하면서 '어차피 할 바에는 돈이 될 정도로 하라.'고 했습니다. 이왕이면 수입이 생기도록 철저히 하라는 것입니다. 과연 일본인다운 생각이구나 싶었지만, 따지고 보면 참으로 지당한 말입니다.

취미가 돈이 되게 하는 것은 그리 쉬운 일은 아니지만, 그렇다고 취미를 정신적인 즐거움만으로 그치게 하는 것은 어딘가 아쉬움이 남게 됩니다.

취미를 한낱 즐기는 것으로 그칠 것인가, 좀 더 노력해서 세상 사는 수단으로까지 발전시킬 것인가는 나름대로 자신이 판단해야 할 문제지만, 그럴 수만 있다면 시도해볼 만한 문제입니다.

③ 자원봉사활동

지금까지 자기만을 위해 살아왔다면 노후에는 남을 위해 사는 삶도 생각해 보아야 합니다. 우리는 이 세상에 태어나서 많은 사람들의 신세와 도움을 받으며 살아왔습니다. 우리는 결코 혼자만의 힘으로 살아가는 것이 아닙니다. 서로 얽히고설키며 살아가게 되어 있는 것이 인간이기에 서로 도와가며 살아가야 합니다.

이제 이만큼 여유 있게 살게 되었으니 남을 돕는 일에 힘을 보태야 합니다. 이러한 점에서 노후생활은 불우이웃과 사회에 봉사하는 자원봉사활동에 동참하는 데 주저하지 말아야 합니다.

나이든 사람들은 '받을 줄만 알지, 줄 줄은 모른다.' 는 부정적인 사회통념을 불식시키기 위해서라도 다른 사람들을 위해 좋은 일에 적극 참여함으로써 노인 스스로가 자신의 품격을 높여가야 합니다.

자원봉사활동은 단순노동으로 봉사하는 것보다 자기가 갖고 있는 재능과 노하우를 살려 할 수 있다면 남에게 보탬이 될 뿐만 아니라, 자신에게도 보람 있는 일이 되어 즐거운 마음으로 동참할 수 있을 것입니다.

자원봉사활동에는 불우이웃돕기, 장애자 돕기, 환경보호, 의료봉사, 행정보조, 교통캠페인, 교육봉사, 문화행사, 기부문화 확산, 저개발국가 돕기 등 다양한 활동분야가 있습니다. 이 가운데서 자기의 적성에 맞고 또 하고 싶은 분야를 선택하여 봉사활동에 참여할 수 있습니다.

언젠가, 돈 많이 벌면, 혹은 좀 안정이 되면, 이 일만 끝나고 나면 나도 다른 사람을 돕고 자원봉사도 하고 살아야겠다고 생각은 하지만 그 언젠가는 쉽게 오지 않습니다. 게다가 한 번도 해보지 않았던 일이 어느 날 갑자기 결심한다고 해서 쉽게 이루어지는 것도 아닙니다.

남을 위해 좋은 일을 하는 데는 연습이 필요합니다. 망설이지 말고 손쉬운 일부터 시작하는 겁니다.

우리 주변에는 남을 돕는 일에 즐겁게 동참하는 사람들이 많습니다. 생각만 있다면 우리가 할 수 있는 일은 얼마든지 있습니다.

사회복지시설에서 침술로 의료봉사하는 사람, 관공서에서 행정보조자로, 또는 상담자로 일하는 사람, 병원에서 안내원으로 일하는 사람, 고궁에서 해설자로 일하는 궁전 지킴이, 노인회관에서 컴퓨터 지도강사로 일하는 사람, 자선단체에 매 달 자동이체로 기부하는 사람, 문맹에게 한글을 가르치는 사람, 교통 캠페인을 하는 사람 등등 많은 사람들이 자기가 가지고 있는 시간과 노력과 능력으로 남을 돕고 있습니다.

어떤 조사에 따르면 가장 행복한 은퇴자들은 마음껏 휴식을 취하는 사람이 아니라, 일을 계속 하거나 자원봉사를 통해 그들이 속해 있는 사회에 봉사하는 사람들이라고 했습니다.

노인계층은 타인을 위해서 사는 정신이 있어야 품위 있고 아름답습니다. 그런 남을 위한 마음이 노년의 삶을 더욱 풍요롭게 하고 열정을 만듭니다. 자원봉사야말로 우리 세대가 꼭 해야 할 소중한 역할입니다.

이제 우리 노인들은 덤으로 많은 시간을 얻게 되었으니, 그것으로 사회에 기여해야겠다는 생각을 가져야 합니다. 다른 사람을 돕는다는 것은 곧 자신의 삶에 의미를 부여하는 것이며, 그런 노력 자체가 자신에게 기쁨이 될 것입니다.

그뿐만이 아닙니다. 인생에는 반드시 보상작용이란 게 있어, 성심성의를 가지고 남을 도와주면 어떠한 보상을 원하지 않아도 사회는 인과응보의 법칙으로 인해 반드시 좋은 것으로 돌아오게 되어 있습니다.

미국의 심리학회지가 최근호에서 밝힌 보도에 의하면 '남에게 베풀고 돕는 사람은 그렇지 않은 사람보다 두 배나 오래 산다.'는 추적조사 결과가 보고되었습니다. 이에 반해 남과는 전혀 무관하게 산 사람은 일찍 죽을 확률이 두 배나 높다고 했습니다.

평생을 베풀며 산 록펠러나 카네기가 장수한 것도 나눔과 베풂의 생리함수 때문이라는 심리학설이 있듯이 선은 선으로 악은 악으로 보상받는다는 전근대적 진리를 오늘의 과학이 재확인해준 셈입니다.

이 세상이 이러한 아름다운 보상작용이 있기 때문에 인생에 희망과 정을 붙이고 살아가는지 모르겠습니다.

자기계발로 경제수명을 늘리자

정년 후 다가오는 불안으로 경제적인 면이나 건강상의 불안감도 있습니다만, 가장 큰 문제는 삶의 보람을 잃는 데 따른 불안감입니다. 사람은 사는 것에 보람이 있을 때 살 맛이 나는 법인데, 아직 한참 일할 수 있는 나이에 하던 일에서 완전히 손을 떼야 하니 '앞으로 무엇을 하며 살아가야 하나?' 하는 불안감이 삶의 보람을 잃게 만드는 것입니다.

사실 직장이란, 단순히 월급을 받아 생활을 유지하는 수단만을 의미하는 것이 아니라 삶의 보람을 갖게 하는 역할을 하는 것이라, 직장을 잃는다는 것은 곧 삶의 의미를 상실하는 것과 같이 불안감이 커질 수밖에 없습니다. 그러므로 이 같은 불안에서 벗어나려면 어떻게 해서라도 일자리를 만들어 현역시절에 가졌던 생체리듬을 이어가도록 해야 하는데, 그렇지 못하면 20년, 혹은 30년이나 남은 기나긴 노후생활이 괴로워질 수밖에 없습니다.

이제 우리는 새로운 일자리를 스스로 찾아나서야 합니다. 우리 주변에 노인들이 누구나 쉽게 일할 수 있는 일자리는 없습니다. 그렇기 때문에 자기가 일할 수 있는 일자리를 찾기 위해서 자기계발에 눈을 돌려야 합니다. 이제부터라도 자기 속에 숨겨져 있는 재능, 즉 잠재능력을 찾아내 노후생활에 활용해야 합니다. 잠재능력이란 것을 어렵게 생각할 필요는 없습니다. 자기 속에 숨겨져 있는 재능, 다시 말해 자기가 잘할 수 있는 일이 바로 그것입니다. 그것을 찾아내 그 분야에 전문가가 되도록 공부하자는 것입니다.

현대의 사회는 각자의 분야에서 전문가가 되지 않고서는 살아남기가 어려운 시대입니다. 전문가가 되지 못하면 제대로 된 일자리를 얻을 수 없습니다. 그래서 끊임없이 배워야 합니다.

공부하는 데 늦은 때란 없습니다. 시작하는 때가 가

장 빠른 때입니다. 전문분야를 깊이 있게 배우려면 관련 직업학교나 전문학원, 또는 방송통신대학이나 사이버대학 등을 이용하면 됩니다. 그것이 여의치 않으면 깊이 있는 독서를 해야 합니다.

이 같은 자기계발은 결과적으로 경제수명을 늘리는 것이 됩니다. 경제수명이란 노동시장에서 일자리를 가질 수 있는 기간을 말합니다. 경제수명을 늘리려면 실력을 갖춰 두어야 합니다. 그래야 일자리를 구할 수 있고 창업도 할 수 있습니다. 그래서 은퇴하게 되면 바로 새로운 일자리를 찾기 위해 공부하자는 것입니다.

앞서 말했지만, '매인 데 없고 시간은 많은 사람'이 노인 아닙니까. 여생을 열정을 가지고 전력투구한다면 뭔가를 이루어 놓을 수 있을 것입니다.

생계를 마련하기 위해서가 아니라, 삶의 활력을 키우고 삶의 의미를 확인하는 차원에서 자기계발을 통해 경제수명을 늘리자는 것입니다. 이것이 바로 노후대책이기도 합니다.

원숙한 삶을 위한 공부

나이가 든다는 것은 어쩔 수 없는 일입니다. 그것은 자연스러운 현상입니다. 아무도 이를 역행할 수는 없습니다. 하지만 나의 경우 '이제 늙었구나!'하는 생각을 한 적이 별로 없습니다. 오히려 남들이 의욕적으로 일하는 것을 보면 '나도 할 수 있다!'는 생각으로 나이든 사실을 외면하고 있습니다. 어쩌면 자신감이 있어서라기보다는 늙어가고 있다는 사실을 아직은 인정하고 싶지 않기 때문인지도 모릅니다.

그렇지만 늙어가는 증상은 여기저기 나타나고 있습니다. 누군가와 마주치면 그 사람의 이름이 떠오르지 않는 경우가 있고, 상대방이 말하는 것을 제대로 듣기 위해 몸을 돌리거나 눈빛을 살펴야 합니다.

언젠가 이비인후과를 찾아갔던 일이 있었습니다. 귀가 잘 들리지 않아 보청기라도 맞춰보려고 갔던 것인데 공연한 핀잔만 들어야 했습니다. S박사는 한참동안 진찰을 하고서는 "그만하면 됐구만, 뭘 다 들으려고 해. 들은 것도 못 들은 척해야 할 처지인데, 보청기는 해서

뭣 해!"하며 등을 밀던 그 친구의 말은 나에게 많은 깨달음을 주었습니다.

그러고 보니 나이가 들면 눈이 침침해지고 귀가 조금씩 멀어지는 현상은, 조물주가 매우 잘 만들어 놓은 것이라는 생각이 듭니다. 본 것도 못 본 척, 들은 것도 못 들은 척하고 넘어가는 원숙함을 갖게끔 생리적으로 노화과정을 만들어 놓은 것 같아서 말입니다.

아무리 발버둥을 쳐봐야 늙어가는 자연의 섭리는 어쩔 수가 없나 봅니다. 늙었음을 깨닫고 노년을 품위 있고 원숙하게 살아가기 위한 공부를 해야 할 때가 온 것입니다.

그럼 어떻게 사는 것이 원숙하게 늙어가는 걸까요?

노년의 원숙함은 흐트러짐이 없는 생활 자세와 초월함에서 오는 여유, 그리고 두려움이 없는 당당함에서 찾아야 한다고 생각합니다. 노년생활을 품위 있고 원숙하게 살아가려면 어떻게 해야 할까를 생각해 봅니다.

첫째, 건강을 유지하기 위해 힘써야 합니다.

노인의 품위를 지켜주는 첫째가는 요건은 건강입니다. 몸이 허약해서 늘 피곤하거나 아픈 데가 많으면 만사가 귀찮아서 생동감 있는 생각이나 자신을 되돌아볼 여유가 없으니 품위를 지키는 일은 뒷전으로 밀릴 수밖에 없습니다. 노후를 즐겁고 행복하게 살려면 모든 일에 앞서 건강을 유지하는 일에 최대의 관심과 노력을 기울여야 합니다.

둘째, 용모를 단정하게 가꿔야 합니다.

단정한 용모는 기품 있는 늙은이로 대접받게 만들지만, 흐트러진 용모는 홀대받게 만드는 요인이 됩니다. 사람의 첫인상을 좌우하는 것은 용모이므로, 언제나 복장을 단정히 하고 몸도 깨끗이 하는 데 신경을 써서 좋은 인상을 남기도록 해야 합니다.

셋째, 긍정적이고 낙천적인 삶을 살아야 합니다.

모든 일을 긍정적으로 받아들이고 낙천적으로 살아가야 합니다. 세상의 모든 것을 밝게 바라보고 좋은 쪽으로 받아들이면 마음은 언제나 평화롭고 행복해집니다. 또한 선의로 사람을 대하고 감사의 마음으로 살면 세상은 훨씬 밝고 살 맛 나는 곳으로 보이게 됩니다. 모든 것은 생각하기 나름이고 마음먹기에 달려 있습니다. 낙천적으로 살면 마음도 가벼워지고 기쁜 마음으로 행복한 나날을 보낼 수 있습니다.

넷째, 남의 말은 많이 듣고 내 말은 적게 해야 합니다.

사람은 누구나 자기의 이야기를 들어주는 사람에게 호감을 갖게 되어 있습니다. 그래서 되도록 남의 말을 경청하고 자기 말은 적게 하는 것이 좋습니다. 늙은이가 되면 말이 많아지고 고집스레 자기의 생각을 젊은이들에게 강요하며 훈계하려는 경향이 있는데, 그것은 오히려 젊은이들로부터 거부감을 갖게 하는 요인이 될 수 있습니다. 젊은이들과 가까이 하고 어른으로서의 대접을 받으려면 잔소리, 군소리, 미운소리를 하지 말고 그들의 이야기에 귀를 기울일 줄 아는 아량이 있어야 합니다.

다섯째, 열심히 배워 뒤처지지 않도록 해야 합니다.

하루가 다르게 변해가는 시대에 살면서 배움을 게을리 하면 시대에 뒤떨어진 낙오자가 되기 쉽습니다. 시대에 뒤떨어지면 남의 업신여김을 받게 되지만, 시대를 앞서가면 명철한 노인으로 존경을 받게 됩니다. 그러므로 노인들도 항상 배우며 살아가야 합니다. 나이가 들어가면서 머리가 둔해지는 것은 사고활동과 학습활동을 하지 않기 때문이며, 더욱이 머리를 쓰는 사고활동이나 학습활동을 하는 사람들은 치매에도 걸리지 않는다니 더욱 열심히 배우기에 힘써야 합니다.

여섯째, 남을 위한 봉사의 생활을 해야 합니다.

지금까지는 자기만을 위해 살아왔지만 노후생활은 남을 위해서도 살아야겠다는 생각을 가져야 합니다. 그렇지 않아도 노인들은 받을 줄만 알지 줄 줄은 모른다는 부정적인 사회통념을 불식시키기 위해서라도 다른 사람들을 위해 좋은 일을 해야 합니다. 수명이 길어진 덕택으로 생긴 여유시간을 지역사회의 불우한 이웃을 돕는 따뜻한 활동에 자원봉사자로 나서서, 자기의 능력과 노하우를 살려 봉사활동에 동참하여 자신의 품격을 높여야 합니다. 남을 돕는 일처럼 즐겁고 보람 있는 일은 없습니다.

일곱째, 버리는 공부를 해야 합니다.

나이 들면 어디에도 매이지 않고 사로잡히지 않는 자유자재의 경지에 이르는 자유인이 되어야 합니다. 자유인이 되기 위해서는 모든 집착과 욕심에서 벗어나야 합니다. 탐욕을 버리고 교만을 버리며 아집을 버려야 합니다. 이 세 가지 정신적인 악에서 벗어나게 될 때, 비로소 편안한 마음, 겸허한 마음, 너그러운 마음을 가질 수 있어 품위 있고 원숙한 여생을 보낼 수 있습니다.

. . . . .

제4부

아름다운 마무리

생의 마지막 순간을
준비하자

우리에게 죽음은 어떤 의미인가?

행복이 먼 곳에 있지 않고 가까이에 있듯, 죽음 또한 언제나 우리 곁에 우리의 삶과 가까이 있습니다. 언제 어디서 어떻게 죽음을 맞이할지 모르는 일입니다마는, 언젠가는 반드시 죽음의 신이 홀연히 나타나 문을 두드릴 것입니다. 이때 나는 어떤 모습으로 죽음의 신을 맞이하게 될까요. 준비 없는 죽음으로 당황하지 말고, 사전에 '어떻게 해야 품위 있게 죽음을 맞이할 수 있을까?'하고 한번쯤 깊이 생각해 보아야 할 것입니다.

몇 년 전에 돌아가신 김수환 추기경과 법정 스님의 선종은 죽음에 대해 말하기를 꺼리는 우리에게 '나는 어떻게 죽음을 맞이할 것인가?', 그리고 '품위 있는 죽음이란 무엇인가?'에 대해 깊이 생각해 볼 좋은 계기를 제공해 주었습니다.

우리는 죽음에 대한 이야기가 나오면 대개 재수 없다며 불쾌감을 드러내기 일쑤입니다. 아직은 자기와는 상관없는 먼 훗날의 일이라고 생각하기 때문이겠지요. 하지만 인생은 무한할 수 없고 누구도 예외 없이 죽을 수밖에 없다는 이 엄연한 현실 속에서 언제까지나 외면한다고 될 일은 아닙니다.

더구나 요즘은 제 목숨을 다 살고 죽는 자연사가 아닌, 천재지변·사건사고·전쟁과 테러 등으로 비명횡사하는 경우가 적지 않기 때문에 죽음에 대한 마음의 준비가 되어 있어야 합니다. 그래야 품위 있는 죽음을 맞이할 수 있을 것입니다.

일찍이 우리 조상들은 죽음을 삶의 미완성이며 원통

하고 부정을 타서 죽은 것으로 생각하여, 굿이나 제사를 통해 못다 산 억울함을 풀어 주고 죽음을 완성케 하는 내세주의적 죽음관을 보이기도 했고, 다른 한편으로는 하늘이 내린 수를 다하고 미련과 회한이 없는 죽음을 맞이하는 자연사로, 자손들에게 둘러싸여 자연스럽게 죽음을 맞이하는 현세주의적 죽음관을 나타내기도 했습니다.

그러면 우리는 죽음을 어떻게 받아들여야 할까요?

중국 전국시대의 사상가이며 자연주의 철학자인 장자莊子는 죽음에 대한 의미 있는 가르침을 주고 있습니다.

그는 삶이 있으면 그것이 필연적으로 죽음이 되어버리는 것이라고 생각했습니다. 자연이란 변화의 세계이고 그 변화란 필연에 의한 것으로, 계절의 변화나, 꽃이 피고 지고 열매를 맺고 시드는 식물의 변화나, 밤낮이 교차하는 시간의 변화도 모두 필연의 법칙이라는 것입니다.

그 커다란 법칙 속의 인간 또한 자연의 하나로 인간의 생명이란 것조차 자연의 일부에 속하는 것입니다. 인간의 삶과 죽음 또한 자연의 필연적 법칙에 의해 좌우되는 것입니다. 인간의 죽음은 삶의 필연적 귀결이요, 삶의 연속적인 변화가 죽음으로 이해되는 것입니다.

그러므로 삶과 죽음이란 순환하는 자연현상의 일부에 지나지 않으므로, 죽음을 슬퍼하거나 두려워할 것이 아니라는 것입니다. 그저 담담하게 받아들이는 것이 최선의 도리라고 그는 말합니다. 이것이 자연주의적 생사관입니다.

결국 자연의 필연법칙에 따르지 않을 수 없는 것이 인생이고, 그것이 곧 운명에 순응하는 길입니다. 사람이 이 세상에 태어나는 것도 운명이고 죽는 것도 운명이라는 것입니다. 운명에 순응한다면 삶을 기뻐하고 죽음을 두려워하거나 슬퍼하지 않게 되고, 삶과 죽음을 초월하게 되면 자유로운 경지에 이르게 된다는 것입니다. 따라서 삶과 죽음은 동전의 양면과 같이 하나이니, 죽음을 자연스러운 현상으로 이해하고 언제나 담담한 마음으로 죽음에 임해야 할 것이라는 것입니다.

죽음을 맞이할 준비가 되어 있는 사람과 그렇지 않은

사람은 여생을 살아가는 데 있어 분명한 차이점이 있습니다. 죽음을 올바르게 인식하고 이에 대한 준비와 대비를 한다면, 미리미리 우리의 삶 속에 생기는 어려운 문제를 이겨낼 수 있고 가족 간의 갈등도 잘 다스릴 수 있으며 미처 마무리하지 못한 일들도 원만하게 해결할 수 있어서, 훗날 걱정과 근심이 없는 편안하고 인간다운 죽음을 맞이할 수 있을 것입니다.

죽은 후에는 어디로 가는 것일까?

죽음은 인생의 끝입니다. 죽음과 더불어 나의 생은 영원히 끝납니다. 그래서 죽음은 우리를 숙연하게 만듭니다. 죽는다는 것은 내가 이 세상의 모든 것을 다 버리고 홀로 미지의 세계로 떠나는 것입니다. 사랑하는 부모와 형제자매, 처자와 친구와 애인을 버리고 떠나야 합니다. 그래서 죽음에는 견딜 수 없는 슬픔과 괴로움이 따릅니다.

죽음은 나의 인생에 영원한 종지부를 찍는 것입니다.

그러니 죽은 후에 나는 어디로 가는 것인지 궁금함을 넘어 불안과 두려움으로 다가올 수밖에 없습니다.

죽음은 어떤 것인지, 죽은 뒤에 천국과 지옥 같은 내세가 정말 있는 것인지, 아니면 완전한 허무인지, 영원한 안식처가 기다릴지, 고통스러운 곳인지 편안한 곳인지 아무도 그곳을 다녀온 사람이 없으니 알 수가 없습니다. 그래서 죽음은 인간이 알 수 없는 영원한 수수께끼입니다.

사후세계에 대해서는 지금까지 크게 두 가지 견해가 대립되어 왔습니다. 죽은 이후의 삶이란 존재하지 않는다는 견해와 죽은 후에도 삶은 계속된다는 견해가 그것입니다.

죽음으로써 모든 것이 끝나는 것이라고 생각하는 사람에게는 내세란 존재하지 않으며, 죽은 후에도 삶은 계속된다고 믿는 사람에게는 기대와 희망이 있는 내세가 있습니다. 이 같은 인식은 전적으로 본인의 신념에 달려 있는 문제로 그 선택 또한 자기의 몫입니다.

종교는 부활과 영생을 말하고 영혼의 불멸을 강조하고 내세를 제시하고 있습니다. 이제 우리는 죽음을 어떻게 받아들이느냐 하는 문제를 놓고 고민해야 합니다. 죽음은 두려운 것, 허무한 것, 슬픈 것이라고 절망하고 도피할 것이 아니라, 죽음이라는 실존을 불가피한 운명으로 받아들이고 죽음 앞에 태연자약할 수 있는 마음의 각오와 태도를 확립하는 것이 무엇보다 중요합니다.

이 죽음의 문제를 해결하는 길은 신앙에서 찾을 수밖에 다른 방도가 없습니다. 그것은 믿음의 문제이고 믿음을 전제로 한 종교 고유영역에 속하는 문제이기 때문입니다.

우리가 죽은 후, 내세라는 새로운 세계가 있다고 굳게 믿는다면 그런 기대가 있는 사람에게는 큰 위안과 희망을 안겨줄 것입니다. 즉 이 세상의 이별은 일시적이라는 것, 그래서 다음 세상에서 우리가 다시 만날 수 있다는 위안을 받게 됨으로써 두려움 없이 죽음을 맞이할 수 있습니다.

가보지 않은 이국땅의 여행도 미리 알아보고 준비하듯이, 가보지 않은 미지의 세계지만 죽음 저편에도 영원한 삶이 있다고 믿으며 아름다운 죽음을 준비하는 사람과 죽으면 끝이라고 생각하는 사람의 모습은 차이가 없을 수 없는 것입니다.

　하지만 한 가지 분명한 것은 죽기 전에 삶과 죽음의 의미를 진지하게 모색하지 않으면 생사의 갈림길에서 큰 후회를 할 수도 있다는 것입니다.

　그러므로 건강할 때 종교를 공부하고 나름의 종교관을 확립한다면, 보다 편안한 죽음의 순간을 맞을 수 있을 것입니다. 뿐만 아니라 우리 여생도 여유롭고 편안한 마음가짐으로 보람 있게 보낼 수 있을 것입니다.

종교를 통해 본 내세와 사생관

　인생의 황혼기에 접어든 사람이라면 누구나 죽음을 생각해 보지 않은 사람은 없을 것입니다. 죽은 후에는 어디로 가는 것일까? 내세來世니 저승이니 하는 사후세계란 과연 존재하는 것일까?

　이 문제의 해법을 찾기 위해 종교는 존재한다고 말할 수 있을 것입니다. 이 문제에 대하여 종교는 어떤 해법을 제시하고 있는지, 우리 민족이 주로 믿고 있는 유교와 불교와 기독교의 죽음과 내세관에 대한 견해는 어떤 것인지 살펴봅니다.

① 유교

유교儒敎에서는 천지만물이 음양오행陰陽五行이라는 기氣의 집합으로 생겨나고, 또한 그 기의 흩어짐으로 없어진다고 합니다. 사람도 예외가 아니어서 기의 모임으로 태어났다가 그 기가 흩어지는 현상이 바로 죽음이라는 것입니다.

다만, 기에는 맑고 흐리고, 깨끗하고 더럽고, 순수하고 잡된 것이 있는데, 사람은 그 중에서 맑고 깨끗하고 순수한 것만을 받았기 때문에 만물의 영장이 되었지만, 기의 모이고 흩어짐에 따라 생겨나고 없어지는 점에 있어서는 세상에 존재하는 모든 것과 더불어 다 같은 자연의 일부라고 보는 것입니다.

그래서 사람이 죽으면 혼은 날아가고 넋은 흩어진다 하여 날아가는 혼을 불러들이려고 망인의 체취가 배인 옷을 들고 지붕에 올라가 흔들면서 혼을 부르는 초혼의 절차를 밟기도 합니다.

죽은 뒤에는 사라지지 않는다고 믿는 혼백 역시 음양의 기에 지나지 않기 때문에 시일이 지나면 마침내 흩어지는 것이고, 자연으로 돌아간 기는 다시 사람으로 태어난다는 보장이 없기 때문에 유교에서는 내세를 믿지 않습니다.

한번 죽으면 그만이기 때문에 자손을 통하여 대代를 이어감으로써 그 허무함을 달래고 영생永生의 욕구를 대신 하려 합니다. 대가 끊어지는 것은 영성이 단절되는 것이기 때문에, 아들을 못 낳으면 아내를 쫓아내고 다른 여인에게서 아들을 낳아오는 씨받이니 하는 풍습이 생겨나기까지 했습니다.

그러나 생과 사를 우주의 섭리에 따른 기의 집산으로 볼 때 인간의 죽음 역시 자연의 기로 돌아가는 것입니다. 자연은 인간의 모태요 본래의 고향입니다. 따라서 죽음은 본래의 고향으로 돌아감에 지나지 않습니다. 그것은 우주와 자연과의 영원한 합일合一입니다. 우주는 영존하는 것이므로 우주와의 합일인 인간의 죽음은 인간의 변형된 영존의 시작이라는 것입니다.

② 불교

같은 동양권이면서도 인도에서 발생한 불교佛敎는 유교와는 달리 내세관이 뚜렷합니다. 죽음은 곧 다른 삶의 시작이요, 종말이 아니라는 뚜렷한 견해를 가지고 있습니다.

사람은 전생前生의 업보業報에 따라 금생今生에 태어나서 다시 업을 짓고 죽으면 그 업과業果에 따라 내세가 열리지만, 반드시 사람으로 태어나는 것이 아니고, 사람으로 또는 축생畜生으로 각자 자기가 지은 업에 따라 윤회유전輪回流轉한다는 것입니다.

다시 말하면 사람은 죽은 뒤에 생전의 업에 따라서 그 업에 해당하는 사후세계에 다시 태어난다는 것입니다. 선한 업을 많이 쌓으면 인간으로 다시 태어나 극락의 세계로 갈 수 있지만, 그렇지 못하면 축생으로 태어나 지옥으로 가게 된다는 내세관입니다. 그렇기 때문에 선업善業을 닦고 내세를 예비하는 것이 가장 바람직한 삶의 자세라고 강조합니다.

③ 기독교

예수 그리스도에 의하여 창시된 기독교基督敎는 영생과 부활을 믿는 종교입니다. '나는 부활이요, 생명이니 나를 믿는 자는 죽어도 살겠고, 무릇 살아서 믿는 자는 영원히 죽지 아니하리라.'고 하는 예수의 가르침에 나타나 있습니다.

하나님을 믿고 그 가르침에 따라 살다가 죽으면 육신은 썩어 사라지지만, 영혼은 하늘나라에 올라가 영원히 산다고 믿습니다. 그래서 그들은 시신 앞에서 눈물을 보이지 않고 오직 죽은 자를 하나님 곁으로 보내기 위하여 경건한 마음으로 찬송을 부르고 기도를 드립니다.

영혼만 영원히 사는 것이 아니라, 이 세상에 종말이 오고, 예수가 다시 내려오는 날 이 세상의 모든 산 자와 죽은 자는 그 앞에서 심판을 받고 결과에 따라 구원을 받게 되는데, 산 자는 살아있는 그대로 죽은 자는 부활해서 들림을 받아 하늘나라인 천국으로 올라간다는 것입니다. 이것이 재림이요, 부활이요, 휴거입니다.

그래서 기독교인들은 예배할 때마다 '죄를 사하여 주시는 것과 몸이 다시 사는 것과 영원히 사는 것을 믿습니다.'고 기도합니다.

위에서 살펴 본 것처럼 여러 종교는 죽음과 내세관에 대하여 각기 다른 견해와 주장을 펼치고 있습니다. 그러나 그 어느 것이 옳고 그르다고 단정할 수는 없습니다. 그것은 산 자에 있어서 죽음이란 항상 경험 밖의 일이기 때문입니다. 아무도 죽어 본 사람이 없고 그곳을 다녀온 사람이 없으니 알 수가 없는 것입니다.

그들의 주장이 혹은 성자의 깨달음이라 하고, 혹은 신의 계시라고 하며, 또 영감에 의한 기록이라고 하지만, 이 또한 산 자가 말하는 죽은 자의 행적일 뿐, 죽은 자의 경험에 의한 죽은 자의 기록은 산 자에게 전해오지 않습니다.

어떤 종교를 믿고 어떻게 받아들여야 할 것인가는 전적으로 본인의 신앙에 달린 문제로 그 선택 또한 자기의 몫입니다.

멀리 석양 노을을 바라보며 한번쯤 깊은 사색에 잠겨봄직한 문제입니다.

아름답게
죽음을 맞이하는 길

어떻게 하면 품위 있게 죽을 수 있을까?

삶이 있으면 죽음이 있는 것, 이것이 자연의 필연적 법칙입니다. 따라서 사람이 태어나서 죽는 것은 인생의 정상적인 삶의 과정입니다. 이 세상의 모든 인간은 때가 되면 죽음을 맞이할 수밖에 없는 것이 엄연한 사실이라면, 노후에 죽음을 준비하는 일은, 행복한 삶을 미리 준비하는 그것 못지않게 우리에게 중요한 것입니다.

호스피스 활동을 다년간 해온 사람들의 이야기를 들

으면, 말기환자들 중에는 자신의 신념에 따라 내세가 있다고 믿는 사람도 있고, 그렇지 않은 사람도 있었는데, 놀랍게도 내세관의 유무에 따라 임종을 맞이하는 자세가 달랐다고 합니다.

대체로 내세가 있다고 믿는 사람들은 비교적 편안한 마음으로 떠날 준비를 한 반면에, 그렇지 않은 사람들은 이승에 대한 미련을 버리지 못하고 발버둥 치다 비참한 모습으로 세상을 떠나는 경우가 많았다고 말하고 있습니다.

그렇기 때문에 지혜로운 사람이라면 '어떻게 하면 품위 있게 죽음을 맞이할 수 있는가?', '어떻게 준비해야 그것이 가능한가?'를 반드시 생각해 두어야 합니다.

한국호스피스협회 이사이며 경인여대 정신간호학과 교수인 최화숙 박사는 20여 년 간의 호스피스 활동을 하면서 깊이 깨달은 것은 '잘 살아야 품위 있게 죽는다.'는 사실입니다. 즉, 평소의 삶이 그 사람의 죽음을 특징짓는다는 것입니다. 그러면서 품위 있는 죽음을 준비하기 위해서는 다음 사실을 유념해야 한다고 말합니다. 여기 그 내용을 옮겨봅니다.

① 진실하고 정직하게 살자

남이 보든 안 보든 나 스스로에게 부끄럽지 않도록 진실하고 정직하게 사는 것만이 떳떳하게 죽을 수 있는 길입니다. 자녀들에게도 부끄럽지 않은 삶이 되도록 '하늘을 우러러 한 점 부끄러움 없이 살고 싶다.'던 윤동주 시인의 마음을 가지고 그렇게 살아갑시다.

② 따뜻한 마음으로 사랑을 나누며 살자

가정을 중요하게 생각하고 가족을 사랑하며 삽시다. 이웃끼리 서로 얼굴과 이름을 알고 정을 나누면서 사람 사는 것같이 삽시다. 그래야 죽을 때 함께 울어주는 사람이 많습니다. 아무도 찾아오지 않는 쓸쓸한 빈소, 꽃 한 송이 가져오는 사람이 없는 썰렁한 빈소도 있었다는 사실을 알려주고 싶습니다.

③ 가진 것을 이웃과 나누며 살자

빈손으로 온 인생, 갈 때도 빈손으로 갑니다. 내가

라면으로 끼니를 때울지라도 굶주리는 사람이 있으면 나누어 먹고, 내 손으로 도울 수 있는 일이 있으면 서로 도우며 삽시다. 내게 있는 건강과 시간과 돈을 나누며 삽시다.

④ 죽음과 관련된 책을 읽고 공부하자

죽음은 우리 삶의 일부입니다. 눈앞에 닥쳤을 때 생소하지 않으려면 미리 공부해 두는 것이 좋습니다. 《죽음의 시간》, 《모리와 함께 한 화요일》, 《인간은 어떻게 하면 아름다운 죽음을 맞이할 수 있을 것인가》 등 관련 서적이 있는데, 내세의 문제까지 자세히 다루고 있는 것은 바로 《성경》입니다. 여유 있을 때 다가올 미래의 죽음을 위해 틈틈이 읽고 공부해둡시다.

⑤ 죽음에 대하여 생각해보고 연습하는 시간을 갖자

죽음에 대한 느낌과 의미를 나누는 워크숍이나 장례식에 참석하는 것은 자신의 죽음에 대해 생각해볼 수 있는 유익한 기회라고 할 수 있습니다. 때로는 사랑하는 가족들과 함께 '나는 어떤 식으로 죽고 싶은가?', '장

례식을 어떻게 해주기를 원하는가?', '내가 입던 옷이나
아끼는 물건들을 어떻게 처리할 것인가?'에 대해 서로
묻고 대답하는 시간을 가져보는 것도 유익할 것입니다.

⑥ 죽음 및 내세와 관련된 종교적 교훈에 유념하자

죽음은 현실적인 문제이지만 철학적 명제이기도 하
고 종교에서 많이 다루는 문제이기도 합니다. 따라서
죽음이나 내세와 관련된 종교적 교훈에 유념하여 평소
의 삶을 잘 꾸려나간다면, 언젠가 다가올 죽음 앞에서
인간다운 위엄을 가지고 본향에 돌아가듯 아름답게 떠
날 수 있을 것입니다.

⑦ 유언장을 미리 작성해보자

막상 당신에게 앞으로 살아남을 시간이 얼마 남아 있
지 않다는 사실을 알게 된다면, 당신은 그때 뒤처리를
어떻게 해야 할지 매우 난감해 할 것입니다. 그것을 갑
작스럽게 알게 될수록, 또 살아남을 시간이 짧을수록
그 받게 될 충격은 클 것이니, 아마도 당신은 죽음을 앞
두고 허둥댈 수밖에 없을 것입니다. 아직은 죽기 전에

해야 할 일이 많이 남아 있으니 당황할 수밖에 없겠지요. 죽음으로 이렇듯 홀연히 나타나는 것이니 노년이 되면 준비 없는 죽음으로 당황하는 일이 없게 아직 인생에 여유가 있을 때 미리 유언장을 써 두는 것이 좋을 것입니다.

《마흔에 쓰는 유언장》이라는 책을 쓴 후쿠자와 케이코는 유언장을 미리 작성해 보는 것은 '남은 인생을 멋지고 뜻 깊게 살기 위해, 그간의 자신의 생활과 인생을 되돌아보고, 앞으로 남은 인생을 어떻게 살아야 하는가를 진지하게 생각해 보는 뜻 깊은 일이 될 것'이라고 했습니다.

죽음을 평안하게 준비하려면 자신의 죽음이 가까웠다고 생각하고 마음의 준비를 해 두어야 합니다. 그래서 유언장을 써 보는 것입니다. 이왕이면 생일날 저녁에 써 보는 것이 어떨까요? 매년 생일을 맞을 때마다 지난 1년 동안의 삶을 되돌아보고 앞으로의 삶을 계획하면서 '올해는 마지막이 될지 모르니까.'하는 마음으로 유언장을 수정해 둔다면, 자신의 삶을 건전하게 이끌게 될 뿐만 아니라, 뜻밖의 예기치 않은 일을 만나게 되더라도 당황하지는 않을 것입니다.

후회되는 일은 다 털고 가자

사람은 죽을 때가 되면 지내온 자신의 일생을 되돌아보며 회한을 품게 됩니다. 후회를 하지 않는 사람은 아무도 없다고 합니다. 깨달음은 언제나 뒤늦게 찾아오기 때문에 후회가 없을 수 없겠지요.

'미련은 먼저 나고 슬기는 나중 난다.'는 속담이 있습니다. 무슨 일이 잘못된 후에야 '이랬더라면 좋았을 것을…….'하고 후회하게 됨을 이르는 말이지만, 뒤늦게라도 후회하고 깨달음이 있다면 소 잃고 외양간을 고친들 어떻겠습니까.

문호 톨스토이는 '후회해 보아야 소용이 없다는 말이 있지만 이미 늦은 것은 아니다.'라며 뒤늦게라도 잘못을 고쳐 새로워져야 한다고 했습니다. 늦었다고 아예 포기할 것이 아니라 개과천선하는 것이 옳다는 것입니다.

그런데 평소 무심히 지나치다 죽음이 찾아왔을 때, 몸도 마음도 지쳐 어쩔 수 없는 지경에서 하는 후회가 지금껏 미뤄왔던 숙제였다면, 그 후회는 가슴을 아프게 후벼 파고들 것입니다. 그래서 죽기 전에 후회하는 일이 생기지 않도록 건강할 때 미리미리 챙겨서 후환이 없도록 해야 합니다.

① 마음을 비우자

진작 마음을 비웠더라면 죽음의 마당에서 이렇게 후회되고 마음이 무겁지는 않았을 것입니다. 죽기 전에 마음의 문을 열고 서로 용서하고 화해하고 이 세상을 떠납시다.

용서하고 용서받았으면 서로가 입은 상처를 치유할 수 있었을 것을 끝내 용서해주지 못하고 또 용서받지 못한 채, 죽음에 이르니 그 원한은 그대로 남아 그 자손까지 원수지간이 되는 경우가 많습니다. 이런 경우는 친구 사이에도 있을 수 있고 가족 사이에도 있을 수 있습니다.

사람은 자기에게 해를 끼친 상대방을 쉽게 용서하기

가 어렵습니다. 더구나 그로 인해 받은 고통이 크면 클수록 용서하기가 더욱 어려운 것도 사실입니다. 그렇다고 하더라도 상대방에 대하여 언제까지나 계속 원한을 품고 살아가는 것은 양쪽 모두에게 아무 이익도 되지 않습니다. 더구나 죽음을 앞두고 서로 미워하고 원망하면서 세상을 떠난다면 죽어서도 눈을 감지 못할 것입니다. 용서해줄 사람이나 용서받을 사람 모두가 마음을 열고 용서하고 화해하고 떠나야 합니다.

만약 상대방을 용서하지 않고 있으면 자신은 오히려 그 불쾌한 체험 때문에 죽을 때까지 그 사람에게 매달리는 꼴이 됩니다. 즉 상처를 몇 번이고 되풀이해서 받는 꼴이 되는 것이며 그 일을 생각할 때마다 상처를 받게 되는 것입니다. 실제로는 한번밖에 당하지 않았던 일을 용서하지 않음으로 해서 천 번을 되풀이해서 겪게 되는 결과가 됩니다.

그런데 그를 용서하고 해방시켜 자유롭게 해주면 당사자들 모두가 이 상처로부터 해방이 되고 그 아픔에서 벗어날 수가 있는 것입니다. 믿기는 하지만 용서를 해야 할 이유가 바로 여기에 있는 것입니다. 또 만약 상대방에게 용서를 받지 못하면 평생을 고통의 굴레에서 벗어나지 못하고 무거운 죄의식 속에서 살아갈 수밖에 없을 것입니다.

화해의 손길은 피해자 쪽에서 먼저 내밀어야 합니다. 그리고 가해자 쪽은 진심으로 참회하는 마음으로 용서를 빌어야 합니다. 용서하고 용서받으려면 모두가 마음을 비워야 합니다. 그래야 진정으로 화해가 이루어질 수 있습니다. 마음을 비우기 전에는 미워하고 증오하며 불신했지만, 마음을 비우고 나면 상대방을 이해하고 선의로 받아들이게 됩니다.

더구나 마음을 비우면 예전에는 몰랐던 아름다운 세상을 알게 되고 마음이 가벼워집니다. 죽기 전에 가슴 아픈 상처가 있으면 다 풀고 가야 합니다. 죽을 때 '마음을 비웠더라면…….'하고 후회하지 말고 다 용서하고 화해해야 합니다. 이것만이 여생을 마음 편하게 살 수 있고 또한 마음 편하게 눈을 감을 수 있는 길입니다.

② 하고 싶은 일에 최선을 다하자
사람은 저마다 크든 작든 가슴에 꿈을 안고 살아야

합니다. 사람이 사람답게 산다는 것은 곧 그 같은 꿈과 희망을 품고 그것을 이루기 위해 최선을 다하는 데 있기 때문입니다.

하지만 지난날을 되돌아보면 정말 자기가 꿈꾸어 온 하고 싶은 일은 하지 못하고 오직 가족 혹은 타인을 위해 한평생을 살아온 삶이 아니었던가 하고 후회하는 사람이 많습니다. 누구나 하고 싶은 대로 사는 인생을 갈망하지만, 실제로 그렇게 사는 사람이 많지 않은 것은 현실의 벽이 그것을 허락하지 않기 때문입니다.

젊었을 적에는 자신 앞에 무한한 가능성이 펼쳐져 있는 것 같아 뭐든지 이룰 수 있다고 생각했었으나, 나이 들면서 현실의 벽에 부딪혀 의욕은 꺾이고 드높았던 자신감은 어느 사이 자취를 감추게 되는 게 현실입니다.

그래도 꿈을 품고 있다면 언젠가는 그 꿈을 실현할 가능성이 없는 것도 아닌데, 중도에 포기해버리니 그 순간 그 꿈은 물거품과 같이 사라질 수밖에 없습니다.

그런데 마지막 순간에 가슴을 파고드는 후회는 이루지 못한 꿈이 아니라, 단 한번밖에 허락되지 않는 인생을 위해 최선을 다하지 않은 자신에 대한 회한입니다.

물론 자기가 하고 싶은 일을 하기 위하여 평생 동안 열정을 가지고 최선을 다한다는 것이 결코 쉬운 일이 아닙니다. 누구나 나이를 먹고 늙어가면 늙어갈수록 젊었을 때처럼 도전할 수 있는 가능성의 폭도 줄어드는 것이 사실입니다.

그러나 꿈을 이루려고 또 하고 싶은 일을 하려고 용기와 열정을 가지고 밀고 나갔어야 했는데, 중도에 꿈을 접고 만 자신을 후회하는 것입니다. 그리고 자신의 소중한 꿈을 이루기 위해 좀 더 열정을 가지고 '최선을 다했더라면' 오늘의 자신의 모습은 아니었을 거라고 후회하는 것입니다.

이제 지나간 일은 묻어두고 앞으로 살아갈 20~30년의 여생을 젊은 날에 가졌던 꿈에 재도전을 해보면 어떨까요? 아니면 새롭게 하고 싶은 일에 용기를 내어 새로운 시도를 해보면 어떨까요? 그것이 마지막으로 사람답게 사는 길이 아닐런지요?

③ 유산문제를 확실하게 해두자

유산문제는 동서고금을 불문하고 가족 간의 골치 아

픈 문제로 제기되기 일쑤여서 죽은 뒤에 일어날 일에 대하여 미리 신경을 써야 합니다. 자신이 죽고 난 후 가족들이 사이좋게 유산을 나누어 가질 것이라는 기대는 참으로 순진한 생각입니다. 집 한 채 때문에 형제자매가 남남보다 못한 사이로 틀어지는 일을 흔하게 볼 수 있기 때문입니다.

자녀들이 부모의 재산에는 전혀 관심을 가지지 않을 만큼 넉넉한 생활을 하고 있다면 별 문제가 없겠지만, 집 한 채 마련하는 데 허덕이고 있거나 자녀들의 뒷바라지에 한 푼이 아쉬운 어려운 생활을 하고 있다면, 부모의 유산분배에 민감하게 반응할 수밖에 없습니다. 유산문제를 슬기롭게 처리하지 못하여 화목했던 가족이 쑥밭이 될 가능성이 있으므로, 이에 대해 깊이 생각하여 미리 작정을 해두어야 합니다.

유산문제를 생각할 때 몇 가지 고려할 것이 있습니다.

첫째, 죽기 전에 재산을 처분하여 미리 분배해서는 안 됩니다. 미리 나누어 주면 그때부터 부모를 찾아오는 빈도가 줄어들기 시작합니다. 그래서 노인들이 푸념처럼 말하는 '절대로 돈을 놓지 말고 가지고 있어야 한다.'는 말에 공감이 갑니다. 돈이 있어야 나를 돌보고 모두가 받들어 모셔준다는 것입니다. 바꿔 말하면 돈을 가지고 있어야 효도를 받을 수 있고 남한테도 대접을 받을 수 있으니 죽을 때까지 돈을 가지고 있어야 한다는 것입니다. 서글픈 일이지만 이것이 현실입니다.

둘째, 유산 분배에 신중을 기해 말썽의 소지가 없도록 해야 합니다. 호스피스들이 전하는 글을 보면 말기 의료현장에서 종종 일어나는 일로, 재산을 똑같이 나누어 주기로 작정했다는 사실을 안 자녀들은, 자기 몫을 확보했다는 안도감에 죽어가는 부모의 병실에 나타나지 않는 자녀가 있는가 하면, 적게 분배받은 자식들이 병실에서 행패를 부리는 모습을 보며 병석에서 남몰래 눈물 흘리는 환자도 있다고 합니다. 이건 극단적인 사례가 결코 아니라는 것입니다.

셋째, 말기의료현장에서 병간호하는 문제와 연관된 문제입니다. 말기환자를 돌봐주는 병간호는 상상하기 힘들 정도로 고달프고 어렵습니다. 이렇게 힘들게 환자를 돌보는 자식에 대한 배려가 있어야 합니다. 그런데도 모든 자녀에게 똑같이 분배해주거나, 이런 힘겨운

간호를 외면하고 모른 척하는 자녀가 장남이라고 해서 더 많은 재산을 남겨주는 바람에 분쟁이 벌어지기도 한다고 합니다.

넷째, 재산은 죽을 때까지 가지고 있다가 유언으로 작성해서 처리하는 것이 가장 바람직한 방법이 아닐까 생각해 봅니다. 지금의 상속법에는 남녀 구별 없이 같은 비율로 나누게 되어 있으나, 앞에서 지적한 여러 사정을 고려하여 자신의 생각을 확실하게 밝혀두는 유언장을 작성하여 공증을 받아두는 것이 권장하고 싶은 한 방법이 될 수 있을 것입니다.

이러한 일들은 건강할 때 사후의 문제를 생각하고 미리 준비해 놓지 않고 있으면, 훗날 화목했던 집안이 서로 불신하고 다툼의 원인이 될 수 있으니, 이런 불씨를 사전에 없애는 것이 무엇보다 중요합니다.

물론 유산문제를 놓고 가족 구성원의 뜻을 한데로 모을 수 있으면 그보다 더 좋은 방법은 없을 것입니다. 건강할 때 온가족을 한 자리에 모아놓고 서로의 의견을 듣고 자신의 생각을 확실히 밝혀둠으로써 말썽의 소지를 없애 버리는 지혜가 필요합니다. 훗날 '유산문제를 확실하게 해두었더라면…….' 하고 후회하는 일이 없어야 합니다.

무엇을 남기고 갈까?

우리는 빈손으로 왔다가 빈손으로 돌아갑니다. 공수래空手來 공수거空手去는 인생의 엄연한 사실입니다. 그러나 우리는 이 세상에서 60~70년을 살았으니 무슨 흔적이라도 남기고 가야 합니다. 아무것도 남기지 못하고 간다는 것은 인간으로서 부끄러운 일입니다.

우리는 죽기 전에 스스로에게 물어보아야 할 엄숙한 질문이 있습니다.

'이 세상에 무엇을 남기고 갈 것인가?'

이 물음에 무엇이라 대답을 해야 합니다.

인도의 저명한 시인 타고르는 노벨문학상을 받은 그

유명한 시집 《기탄잘리》에서 다음과 같이 읊었습니다.

　죽음이 당신의 문을 두드릴 때에
　당신은 그에게 무엇을 바치겠습니까.
　나는 내 생명이 가득찬 광주리를
　그 손님 앞에 내놓겠습니다.
　나는 그를 빈손으로 돌려보낼 수는 없습니다.

　죽음의 신이 찾아왔을 때, 그를 빈손으로 돌려보낼 수는 없다는 것이 타고르의 시의 뜻입니다.

　우리가 이 세상에 올 때에는 빈손으로 왔지만, 이 세상을 떠날 때에는 무엇인가를 반드시 남겨 놓고 가야 한다는 것입니다. 물질적인 것이건 정신적인 것이건 저마다 값있는 유산을 남기고 가야 합니다. 지금부터라도 이 물음에 대답할 준비를 해야 합니다.

　남들이 알아주건 말건 나에게 자랑스럽고 소중한 것이라면 그것은 훌륭한 유산으로 남길 수 있는 것들입니다.

　어떤 사람은 많은 돈과 사업체 같은 물질적인 유산을

남겨놓습니다. 그런가 하면 어떤 사람은 탁월한 사상이나 고결한 인격 같은 정신적 유산을 남겨 놓습니다. 또 훌륭한 문학작품이나 세계적인 기록을 남기는 사람 등 삶의 현장에서 빛나는 생애를 남기는 사람이 있습니다. 그리고 훌륭한 제자를 남기는 사람이 있고, 남부럽지 않은 훌륭한 자녀를 남기는 사람이 있습니다. 집안의 화목을 남겨 놓는 사람이 있고 훌륭한 가풍을 남겨 놓는 사람이 있습니다.

이제 나는 무엇을 이 세상에 남겨 놓고 갈 것인가? 한번쯤 곰곰이 생각하면서 죽음이 나를 찾아왔을 때 신에게 바칠 나의 마지막 작품을 준비해야 하겠습니다.

인생은 빈손으로 왔다가 빈손으로 돌아가는 나그네 같은 것이지만, 그간에 살았던 삶의 과정이 허망한 것이 되지 않게 하기 위해서 우리는 내 존재의 빛과 향기와 보람이 담긴 작품을 남기고 가야 합니다.